悩める日本人
「人生案内」に見る現代社会の姿

山田昌弘

ディスカヴァー
携書
183

はじめに

社会学者と『人生案内』回答者の間で

読売新聞の名物連載、『人生案内』をご存じでしょうか。一般読者から寄せられた悩み相談に識者が応える「紙上人生相談」形式の記事は、1914年（大正3年—第一次大戦勃発の年ですね）に始まり、途中戦争による中断をはさみながらも100年の長きにわたる歴史を誇ります。

年代によって今からでは想像しにくいような悩み（戦争や貞操に関わるもの）もあり、まさに時代を如実に映し出す鏡のような存在といえるでしょう。

社会学者である私はかねがね調査・分析の資料として『人生案内』をとらえていました。社会学では、『人生案内』を資料として分析する研究が数多く見られます。100年以上同じ形式で人生相談欄が続いているものは、他にはありません。貴重な資料なのです。

２００8年に『人生案内』の回答者を依頼されたときは、正直驚きました。そんな柄ではないと思いつつ、家族社会学者として知識を多少でも活かせる回答ができればという思いで引き受けました。回答者となってもう9年たちましたが、その中で、相談内容の変遷を日々実感しています。

たとえば、次の相談は以前にはなかった類いのものであり、大きな反響を呼びました。

価値観の多様化――夫の女装趣味にとまどう妻

相談① 女装する夫にショック（2010年1月16日）

◎内容

50代女性。夫は20年以上前から女性物の下着や服を隠れて身に着けています。最初はそうとは知らず、部屋を掃除していて偶然女性物を見つけ、ショックを受けました。問いただしても夫は下を向いて黙り込むだけ。気持ち悪いので、見つけるたびに捨てていました。

実際に身に着けているのを目撃したのは6、7年前。ここ1、2年は会社に行くときにも着けています。夏の薄着にブラジャーは目立ちます。本人は「人にはわからない」と思っていたようなので、一度はっきり指摘すると、それから上だけはしなくなりました。

もう気持ち悪くて仕方がありません。部屋を別にしました。夫の部屋に入るのも嫌です。成人になった子どもが言うには、以前から私がいない時に下着を洗い、部屋で隠れて干していたそうです。化粧品やリボン、髪飾りなどもたくさん隠し持っています。

何度も話し合いましたが、夫は下を向いて「病気や」と言うだけ。話し合いになりません。一人でやっていけるのなら、私は家を出たいです。こんな夫と老後を過ごすのかと思うと、不安です。

（大阪・F子）

◎回答

タレントが女装すれば芸のうちですが、身近な家族のことだとさぞショックでしょう。ただ、人におおっぴらに言えませんが、誰に迷惑をかけているわけではありません。夫にとっては、この趣味は自分の一部、いわば、第二の天性になっています。やめさせることは不可能でしょう。周りがやめろと強く言えば言うほど、女装したいと思う気持ちはますます強まるのです。

あなたが、趣味の一つとして認められない、身体的に受けつけないというならば、別々に生活する以外に方法はありません。多少なりとも我慢できそうなら、家では絶対にしないと夫に約束させて、何食わぬ顔をして普段通りの生活をするしかないでしょう。

そのうち飽きて別の趣味に移るかもしれませんが、新しい趣味があなたの気に入るとは限りません。他の部分で不満がなければ、変な趣味の夫だと思って、このままそっとしておくのが良策かと思います。

この相談に回答するにあたって、私自身、かなり悩みました。それは、社会学者としての分析と、読売新聞という非常に多くの読者がいる『人生案内』の回答者としての回答との間で、どうバランスを取ったらいいか難しかったからです。

社会学者として、「女装が趣味」という性向を持つ人がいるということは理解できます。法的にもまったく問題ありません。別に男性がスカートをはこうが、女性用の下着を身に着けていようが法律に反していることはありませんし、他の誰かに迷惑をかけているわけでもないので、社会的な問題というわけでもありません。

女装・男装という趣味は古くから続いているものです（佐伯順子『「女装と男装」の文化史』講談社）。社会学の中にも、「異性装者」研究は昔からあります。どのような人が、どのようなプロセスをたどって異性の服を着るのを趣味にするようになり、現実にどのような生活を送っているかという研究も存在しています（私の先輩教授である矢島正見先生の『戦後日本女装・同性愛研究』（中央大学出版部）を参照してください）。

だから、社会学者としての私は、「そういう人がいてもいい」という立場です。そのような趣味が社会的に認められるような社会になり、そのような人がもっと生きやすくなる日が来ることを願っています。

一方で、今の一般的な感覚でそのような人を気持ち悪いと思う人の存在も、社会学者として理解できます。

特に、「性」に関わる問題に関しては、人が抱く感情の差は大きいこともわかっています。いくら、他人に迷惑をかけないからといって、自分が理解できない性的志向を持つ人を受け入れられないという人も多く存在しています。

このケースは、家族の中で、特にいちばん親密なはずの夫に、長年知り得なかった女装趣味があったというものです。

身近な人にそのような趣味があるのと、自分には関係のない赤の他人とでは、やはり違います。答えはそんなに簡単に見つかるものではありません。もちろん、だからこそ新聞に相談してくるわけです。

価値観が異なる人とどう付き合っていくのか

社会学の永遠のテーマの一つは、「価値観が異なる人とどう付き合っていくのか」というものです。近代社会は、さまざまな考えを持つ人が集まっている社会です。ですから、価値観がますます多様化していて、どれが正しい・正しくないと決められない時代になっている今の社会において、極めて重要なテーマとなります。

価値観が多様化している要因は複数ありますが、たとえばグローバル化はわかりやすい例でしょう。世界がグローバル化する中で、国や地域によってさまざまな文化や価値観の中で育ってきた人たちと出会います。そして、彼らと一緒に生きていく必要があるということです。これは、多くの方にとって、想像に難くないことではないでしょうか。

価値観というものは、行動に現れ、人間関係に影響をおよぼすものです。特に家族、恋愛、セクシュアリティ（性的指向）に関していえば、価値観は一人ひとり違うものであり、どれが正しいと決められない領域です。非常にプライベートであるからこそ、違いが問題になりやすいという側面も持ち合わせています。そのうえ、人の感情や自尊心に関わることでもあります。

だからこそ、「気持ち悪くて仕方がありません」というぐらい、直接的に感情に関わってくる問題なのです。

今回の質問者である50代女性の話に戻ると、自分が被害を受けたり損をしたりしているわけでもない、経済的な利益を失っているわけでもないし、女装という趣味以外を除けば全然問題ないけれども、「それだけがとうてい許せない・耐えられない」として相談してくるのは、自然な成り行きだともいえます。しかし、根本的な解決は難しい問題なのです。

価値観に関わる2つの前提がある

あらゆる事柄において、価値観が同じ人は存在しません。これは、近代社会に生きる人間にとって基本的な前提です。

しかし、近代社会では、価値観が違うからといって、その人と付き合わないというわけにはいかないということ。これもう一つの前提です。すべての価値観が同じ人とだけ付き合えばよい。価値観が違う人とはまったく無関係で暮らすということは無理なのです。この2つの前提があるから、人間関係はややこしくなります。

そして、他人や社会に迷惑をかけない限り（基本的人権を害しない限り）、相手の価値観を尊重するというのが、近代社会の基本的な態度です。通常は、これでなんとかやっているのですが、ただ、価値観にもいろいろな種類があります。

夫婦で一緒に生活することを考えてみましょう。

たとえば、一夫多妻制が当然という社会で育った男性と、一夫一妻でなくてはいけないという価値観を持っている女性が結婚することは難しいでしょう。いくら相手の価値観を尊重するといっても、相手の価値観を尊重することが、自分の価値観を損なうことになるからです。これは実際に、あるアラブの国からの男子留学生と日本人女子学生との間に起きたケースです。一夫多妻が認められている国の男性が、第三夫人に迎えたいと女子学生を口説いたのです。

また、もう少し軽いものになると、「鉄道模型が好き、AKB48のようなアイドルが好き。これらは許せる。だけど、アダルトビデオを見る夫というのは許せない」といったように、価値観の違いでも、許せるものと許せないものの範囲が人によって違います。

たとえば、配偶者が、異性の友人とどこまで親しくしたら許さないでしょうか。

以前、学生を対象に、彼氏・彼女がどこまで親しくしたら許せないかという調査をしたことがあります。メールのやり取り、電話で話すのは、二人きりで食事をするのはどうか、一緒に遊びに行くのはどうか、キスをするのはどうか、ハグをするのはどうか……。さすがに性的関係があってもかまわないと答える人はめったにいませんが、「メールのやりとりも許せない」という人から、自分にわからないならばデートしてもかまわないという人までさまざまです。

調査結果から傾向や平均値を示すことはできます。しかし、現実の人間関係になると、どこまで許すべきかは、理論的に決めることはできません。異性の友人と電話で話してもよいと思う人が多数派であっても、当の相手がそれを許さないといえば、あきらめるしかありません。あくまで、当人同士の問題になるのです。

ですから、あらゆる事柄に価値観が同じである人はいないし、あらゆる事柄でどこまで許せるかということに関しても同じ答えはないということです。

他方では、夫婦のように、価値観が違う人と付き合わないわけにはいかないという前提もあるわけです。家族、夫婦、親子、恋人、友人、職場の同僚、上司・部下、近所の人、地域の人、お客さま、あるいは国民としてや人間としてなど価値観が違う人との出会いは避けようがありません。出会わずに生きていくことは、ほぼ困難です。

それが特に夫婦など身近な人であったとしたら、「どちらかが妥協する」か「付き合いをやめる」か、どちらかしかないわけです。

となると、冒頭のケースであれば、夫が女装をやめるか、妻が我慢するか、離婚する（同居をやめる）かという選択肢はありますが、どれが正しいかという答えはないのです。

抜け出せないジレンマ

ひと昔前、常識という価値観が大手を振るっていました。厳然と存在する常識が、他の選択肢というものを採らせなかったわけです。

今回の質問者の夫のように、女性用の下着を着けて会社に行く男性がいれば、「あなたの夫は病気でしょう。ですから、病院に行くよう勧めてください」という回答があたりまえのように出てきて、あたりまえのように受け入れられたでしょう。ただ、それで、解決するかは別ですが。

たとえば30年以上前（１９８０年頃）であれば、「女装は病気」という回答でもなんの違和感もありませんでした。10〜20年前は過渡期でしたが、21世紀に入った今では、「常識という価値観」よりも「多様化」や「個人の価値観」が一段上にくるようになりました。

つまり、価値観が多様化している今は、一方的に病気と決めつけるような回答はできません。繰り返しになりますが、女装という趣味自体が、他人や社会に迷惑をかけるというものではないからです。また、夫が女装しようがしまいが、妻の日常生活に直接影響するわけではないからです。その結果、先にあるような回答をするに至ったのです。

どんな状況下にあるにせよ、唯一共通していえるのは、「価値観が違う人とは、付き合わない」という選択肢を選べばすむという話ではないということです。

というより、そもそも付き合わなくてすむ人であれば、『人生案内』に相談の手紙をよこしません。だからこそ、どう振る舞ったらいいいか、悩む人がたくさんいますし、その人数は今後も増え続けていくでしょう。

『人生案内』の回答者として、解決に結びつく明解な行動を示唆できればベストなのですが、それはこれまで説明してきたように、なかなか難しい。ですから、私は、社会学者と『人生案内』回答者という立場の間で、悩んでしまうのです。そして、この悩みは『人生案内』で相談するわけにはいかない――だから頭を抱えてしまうわけです。

社会制度はすぐには変えられない

この読売新聞の『人生案内』は、以前から社会学者が分析対象としていました。たとえば、私が習った先生でもあり、先日叙勲を受けられた見田宗介先生は、著書『現代日本の精神構造』（１９６５年／弘文堂）で『人生案内』を分析しています。見田先生を含め太郎丸博京都大学教授や赤川学東京大学准教授などのベテラン社会学者から、野田潤氏や矢崎千華氏など若手まで『人生案内』を分析した研究論文も多数あります。『人生案内』の相談内容は、人々の悩みがどこにあるのかということに対して、人々の日常生活の意識が反映されるはずという前提をもとに、どのような人に社会的困難が生じているのかという点を知る手がかりとして分析されてきました。

他方で、回答内容に関しては、世間の意識が回答に反映されるはずという前提のもと、人々の常識がどこにあるのかをとらえる手段、世間の価値判断というものがどのようなものであるかを探る手段として分析されてきました。


今から約40年前のことですが、私は学部生として、戦後における社会学の第一人者ともいわれる富永健一先生の社会学概論という講義を受けていました。その際、富永先生は規範や価値意識の説明のところで、「読売新聞の『人生案内』の回答が、一般の人が思っている価値観を表していると言ってよい」と語っておられたことを覚えています。

当時は、よもや自分が回答者になるとは思っていなかったわけですが、別の見方をすると、社会学者として自分の文章も分析対象になるということです。

新聞における回答者という立場上、分析して説明すればよいというのではなく、相談者に向けて、具体的なアドバイスをする、一般読者に向けて常識的見解を提示するという必要があります。

社会学者として学会の中で発表するのであれば、悩みにはどのような社会背景があるかを分析だけしていればよいわけです。

分析に加えて社会に対して提言することもありますが、基本的には分析して、なぜそのような現象が起こっているかとか、そのような現象がどれくらい広がっているか、ということを示すのが社会学研究者の仕事です。そして、自分の主観だけでなく、世間の常識から自由な立場から分析するのが科学的な分析となります。

社会学者と回答者の間で葛藤してきたからこそ、見えてくるもの

そういった意味で、果たして私のような社会学者が、この『人生案内』の回答者としてふさわしいのかどうか、悩むときがあります。次の記事をご覧ください。

相談② 不得意な仕事 続けるべきか（２０１６年10月27日）

◎内容

20代の会社員女性。今年、大学の外国語学部を卒業してＩＴ企業に入社し、システムエンジニアの卵として研修中です。わからないことだらけで、仕事を続けられそうにありません。

英語を使える商社を志望していましたが、就職活動がうまくいかず、今の会社を選びました。未経験であっても、研修があるから大丈夫だと言われ、実際に同じような先輩もいました。

しかし、入社してみると、内容はわからないことばかり。当初よりもできるようになったとはいえ、日々難易度が上がり、ついていくのがやっとです。また、上司の一人が怖い人で、質問しづらく、先日はいつも以上に強く注意されて、とても落ち込んでいます。

毎日、会社に行くのがつらく、帰り道に泣いてしまうこともしばしばです。不得意なことを続けるより、できそうなことをした方がいいのではないかなどと考え、悩む日々です。
（東京・G子）

◎回答

もし、新卒一括採用の慣習がなかったら、そして、転職が盛んであれば、回答は簡単、いや、そもそもこういう相談はきませんね。

日本では新卒の時が最も有利な就職のチャンスであり、転職があまり評価されないので、慎重にならざるを得ません。しかし、今の会社は仕事の内容や職場環境が合っていないことは、お手紙から伝わってきます。無理して働いていたら、体を壊しかねません。

次の仕事への展望なしに辞めてしまうのはリスクが伴いますが、今は新卒と同じような扱いで採用してくれる企業は増えていると思います。卒業した学校にコンタクトをとる、友人に当たってみるなど、採用情報の収集に努めてください。

ただ、英語ができて真面目だけでは「売り」にはなりません。プラスアルファを心がけてください。生活に余裕があれば、興味ある分野の専門学校に入るといったことが望ましいです。
そして、つらくて辞めたのではない、新しい可能性を見つけるために転職するんだと思うようにしてください。若いうちに一回、失敗くらいしておいた方が人間として深みができる、そう思うだけで、新しい道が開けてくるはずです。

ここは私の回答内容の中、「仕事を続けるべきか」というところで、最初に「新卒一括採用の慣習がなかったら、そして、転職が盛んであれば、回答は簡単、いや、そもそもこういう相談はきませんね」と書いていることに注目してください。

社会学者として、私はこのように書かざるを得ませんでした。社会学者というのは、「社会制度の矛盾」や「人々の間でこういう偏見がある」ということを指摘するのが仕事だからです。

後ほど、トランスジェンダーの若者の就職という相談にも出てきますが、「この社会制度にはおかしいところがある」とか「そういう偏見は、あってはならない」ということはいくらでも指摘できますが、ただ、指摘したところで、制度がすぐに変わるわけでも偏見が消えるわけでもありません。相談者が、自分のせいではないと自分を責めるのをやめることで、心理的に楽になる、という面はあると思います。

つまり、社会学的な分析、説明は、個人にとって現実的な解決に結びつくわけではないということです。

ですから、今の制度、慣行、社会意識、偏見が存在することを前提とした中で、最良の選択肢を示すということが必要になります。これが大変気を遣いますし、社会学研究とは別の意味で難しい作業なのです。

2008年に読売新聞社に依頼され、『人生案内』の回答者を始めたわけですが、ずっと悩みながら続けてきました。しかしながら、社会学者と『人生案内』回答者の間で葛藤してきたからこそ、見えてくるものもあるのではないかとも思います。

本書では、若年層～高齢者における恋愛・セクシュアリティから仕事・生き方にまつわる多様な相談事例をもとに、２０１０年代に入り、ますます多様化を極める価値観を、そして一方で硬直化して現状と合わなくなっている社会制度や意識のあり方を浮かび上がらせていきたいと考えています。

本書をお読みの皆さんも、他人事でありながらいつ自分事となるかもわからない相談を読みながら、一緒に考察を深めていく機会となれば幸いです。

山田昌弘

悩める日本人

「人生案内」に見る現代社会の姿　もくじ

第4章　中高年のパラサイト問題について

第5章 夢を見ていられない若者たち

おわりに

PART① 現代社会×悩み×3つの傾向

第1章

相談内容から見えてくる現代社会の姿

三大傾向：性愛・寄生する子ども・夢を見ない若者たち

私は、2008年から読売新聞の『人生案内』の回答者を務めています。新聞社の選別を経て、家族社会学者である私に振り分けられる数多くの相談内容について、いくつか傾向があると感じてきました。本パートでは、その中でも相談内容に関する3つの特徴的な傾向について取り上げ、考察していきます。

その3つとは、以下のものです。

1つは、今までなかなか表に出てこなかった多様な愛や性の形に関する相談です。

2つ目が、中高年の親が同居している成人後の息子や娘の相談をしてくるというものです。中には、孫の就職や結婚を心配する祖父母の相談もありました。これは、私が『パラサイト・シングルの時代』という本を書いたことも関連しています。

３つ目は、なかなか自分の夢を描けない・見られないという若者からの相談です。これは、若者が「現実的になっている」ということを示しているともいえます。

これらは、現代日本社会に特徴的な相談であり、30年前には、あまり見られなかった相談内容です。

新聞にまで投書してくる相談というのは、標準的な回答がないものです。そのうえ、友人や家族など、むしろ身近な者に相談しにくいものが出てきます。これは、人生を歩むうえで「モデルなき時代」に突入している、ということの現れでもあると思います。

「モデルなき時代」とはどういうことでしょうか。

多様化が進んだ現代、あらゆる意味で「モデル（典型・お手本）」がなくなってきているという意味です。

本書でもふれていきますが、仕事や家族においても、標準的なモデルというものが存在しなくなってきています。いや、存在しなくなってきているというよりも、むしろモデルという形を定められなくなってきているといえるでしょう。

たとえば仕事では、かつては大きく分ければ自営業かサラリーマンかという2つに集約されていました。自営業は、長男が先祖代々の家業を継ぎ、元気なうちは一家そろって働いて、高齢になったら同居する息子夫婦に世話をされるというモデルです。サラリーマンは、学校を卒業後就職し、男性は定年まで同じ会社に勤め、女性は主婦となり、老後は年金で暮らすというモデルです。

今は副業を推奨しているような企業もあります。要は、「うちの会社では家族を養う分だけの給与を払うことができないから、残業しない分、あいた時間に副業で稼いでいいよ」というようなスタンスをとる会社です。

社会起業家というひと言では表しづらい働き方を選ぶ人もいれば、ライフステージに合わせて自営業（フリーランス）とサラリーマンという形態を行ったり来たりする人もいます。もちろん、結婚後も働き続ける女性も増えています。

家族のあり方に関しては、かつては高齢の親と同居し、孫も含めた三世代で互いを助け合いながら暮らすというモデルが存在していましたが、今は同居する人もいればしない人もいる。年齢にかかわらず1人で暮らす人も増えています。

また、以前はまれだった『サザエさん』におけるマスオさんのような、妻の親と同居するが、姓は夫のものに変えるというケースもよく見られるようになっています。あるいは、妻のキャリアに合わせて夫が転勤したり、夫が専業主夫となって家事や子育てを担当したりといったことも、特段珍しいわけではなくなっています。

重要なのは、どれが正しくて、どれが間違っている、道を外れているとは言えなくなっているということです。

仕事や家族はとてもわかりやすい例ですが、それ以外の生活における細かいところでも、実はモデルが存在しないものが出てきています。

次の相談は、そのことを象徴するといえるでしょう。

相談③　父の死を夫がSNS投稿（2017年5月7日）

◎内容

40代の主婦。私の父の死を、夫がソーシャル・ネットワーキング・サービス（SNS）に投稿しました。夫への気持ちが冷めてしまいました。

父が亡くなった日、夫と子どもの3人で飛行機を乗り継いで実家に向かいました。空港で、夫はベビーカーを押す私の写真を撮り、悪気もなく、「合掌。義父急逝」と投稿したのです。

夫は趣味のつながりで、国内外にSNSを通じた友人が多くいます。日に何度もSNSをチェックしていますが、父を亡くした私の写真を、当日に世界中の友人と共有する気持ちが理解できません。

父は病に倒れて半年後に亡くなりました。遠距離のため、最後の数か月は会えませんでした。父の死のショックや一人暮らしの母を思う不安を、夫への怒りにすり替えているのかもしれませんが、切り離して考えられません。夫を見ると緊張し、攻撃的になってしまいます。

配偶者の親が亡くなった場合、許可なくＳＮＳに投稿してもいいのでしょうか。
（鳥取・Ｏ子）

◎**回答**

新しいツールが普及する時、誰もが認める使い方のルールが必ずしもあるわけではありません。このケースでも、アンケートをとれば、賛否半ばすると思います。だから、ご夫君はまったく悪気がなく投稿してしまい、それにあなたは傷ついてしまったのですね。

投稿がルール違反であると夫を責めても、何も解決しません。何がルールかについて、議論になるだけでしょう。

あなたにとっては、ルール違反かどうかよりも、「投稿前に自分の気持ちを聞いてくれなかった」「私よりも、ＳＮＳでの友達とのつながりを優先した」ことが許せないのではありませんか。「私が思っているほど、夫は私を愛してくれていないのではないか」。これは、誰しも感じてしまうことです。それが、お父様の死によって表に出てしまったのでしょう。

ここは素直に、「あの時、私のことをもっと気にしてほしかった」と夫に伝えてみたらいかがですか。そこから、ご夫君とのよい関係が再開できると思いますよ。

ルールなきSNSがもたらす混乱と葛藤

この記事については、非常に反響が大きかったということを聞いています。簡単に言えば、SNSで夫が勝手に妻の写真を投稿するのが是か非かという相談です。

私が回答しているように、SNS（ソーシャルネットワーキングサービス）のような新しいツールが登場した場合、どう使えば良くて、どう使えば悪いのかという明確なルールは、すぐには確立されません。

回答で述べたように、このケースで一般にアンケートを取っても、一方的な結果にならないでしょう。ＳＮＳに投稿しても「別にかまわない」という人もいれば、「絶対イヤだ。許せない」という人もいるということです。

特にこのケースでは、夫が、妻を「傷つけよう」とか、「嫌がらせしてやろう」というような悪意に基づいてとった行動ではないと思われます。もし写真をアップすることが、妻を傷つけることだとわかっていたら、夫は投稿しなかったでしょう。

もし、悪気があるとわかっていたら、奥さんのほうもわざわざ新聞に相談しないでしょう。「ひどい、なんてことするの！　あなたなんかもう信じられないわ」と怒りをぶつければいいだけです。それでけんかして、夫が謝ってこの話はお開き、となるかもしれませんし、こんな夫は信じられないと離婚に発展するかもしれません。

でも、話はそう単純ではありません。

どういうことが失礼で、どういうことが失礼ではないという判断・感情は、基本的にはその人が属する文化によって大きく異なります。

例をあげればきりがないですが、たとえば、音を立ててスープをすするのは欧米では失礼にあたりますが、日本でそばやラーメンを音を立ててすすっても失礼にはあたらないとか、子どもの頭をなでるのは、日本や欧米ではかまわないけれども、タイやマレーシア、インドなどでは理由は違えども、タブーで非常に失礼にあたります。

そのような文化的慣習の違いというものは数多く存在する一方で、SNSのように新しいものに関していえば、何が失礼で何が失礼ではないかという確固たるルールははじめからあるわけではありません。おそらく、社会の中で時間をかけて徐々に定まっていくのですが、今のところは定まっているとはいえません。

だからこそ、この夫は、無意識的に「合掌。義父急逝」と投稿してしまったのだと思います。

もし、今から数年後、「SNSにおいてこの類いのことを投稿するのは失礼だ」というような意識が広がり、ルール化されていたとして、夫自身もルールを知っていれば、そもそも投稿しなかったでしょう。

もちろん、私個人として、この行動がデリカシーに欠け、非常に気に障るという奥さんの気持ちもよくわかります。

ルールがないということと、モデルがないということは同意義として使っていますが、SNSでこの種のことを投稿することが良いか悪いかというモデルが存在せず、その結果どうなるかというモデルも存在しないわけです。

さらに言えば、どういうときに怒ってよくて、どういうときに怒ってはいけないかという「感情のモデル」もあいまいになってきました。普通、こうしたら人間というのは怒るものだ、こういうときには泣いてもいいものだ、といったようなモデルがあります。たとえばお葬式に行ったら、どんなおかしいことがあっても笑ってはいけないというのは、ルール化されており、誰にでもわかることです。そういう感情に関する規則のようなものがあって、多くの人はそれに従って生活しています（これを社会学では感情規則と言います――私のアメリカ留学時の先生、ホックシールド先生の造語です）。たとえ、「感じなかった」としても、表向きには出さないものです。

けれども、このケースでは、相談者の女性は実際に夫に対して怒りという感情を覚えています。ただ、果たしてその怒りの感情は正しいのか、正しくないのかわからない……。この女性は感情の行き場を失って、新聞に投稿してきたのです。つまり、怒っていいか、いけないかがわかっていればこのような相談は生じ得なかったとも言えるでしょう。

もちろん感情は個人のものであり、この女性は怒っていいのです。

ですが、この場合は怒りをぶつけたところで「解決」には至らないでしょう。

そんなわけで、私のこの回答は二段構えとなりました。むしろ怒っていいのだけれども、怒っても解決しないので、「気にしてほしかった」という妻側の要望を伝えるといい、という回答です。

個人的な予想ですが、この相談では「そんな夫とは離婚したほうがいい」と思う人がけっこういるのではないでしょうか。

その発言を無責任とまでは言いませんが、この夫婦には幼子がおり、物理的にも精神的にも離婚という決断は現実的ではありません。

もちろんこの相談からは他にもさまざまな側面（可能性）が浮かび上がります。

亡くなった義父が、この夫にとってあまり大切な存在ではなかったのかもしれません。これも人によって感覚が違いますね。親戚付き合いというのは、家族によっても大きくその密度が異なります。この夫は「私の親が亡くなったとき、投稿されたってかまわないよ」と思っているかもしれません。そこはお互いの家庭の事情によるでしょう。

もしそこで、夫婦の間に感覚の隔たりのようなものがあったとするならば、問題はSNS云々ではなく、普段からコミュニケーションが不足していることのほうではないでしょうか。

夫のデリカシーのなさに我慢できないというのならば、それはSNSに限った話ではないはずです。おそらく前々からこの種のエピソードが多発していることでしょう。

一方、普段の生活では気づかいのできる夫だとしたら、それはもうこのSNSという新しいツールに関するルールがないがために起きた事件といえるでしょう。ですから、「これからは気をつけてね」と言ってすませることができるはずです。ただ、相談文からは、どちらかわからないので、想像しながら回答をしていくというスタンスなのです。

しかし、この質問が寄せられたとき、つくづくまさにモデルなき時代である、ことを痛感しました。

相談者は40代の主婦ですが、おそらく夫も同じくらいの、いい年の大人だと想像できます（もしかしたら、20歳以上年下かもしれませんが……）。30代、40代のいい大人だったら、何が良くて何が悪いのかという分別がありそうなものです。少なくとも、高校生や大学生のように、その場のノリだけで、「社会通念上、してはいけないこと」をSNSに投稿してしまうような年齢ではありません。

だから、なぜこのような投稿をしたのかは理解に苦しむところです。「ひどい」「悪い」と断罪しないまでも、「こんなことをするの？」ととまどいを覚える人も大勢いるでしょう。それだけSNSというものが、一気に私たちの日常生活に入り込んできたということの証左でもあるのかもしれません。

この類いのことは、ますます増えていくでしょう。SNSのルールがなくともこのような投稿は「デリカシーがない」と言ってそれを責めて、「そんな夫とは早く離婚しなさい」と一刀両断してしまえば、デリカシーのない（おそらく多くの）夫は全員離婚されてしまう事態となり、日本の離婚率が上がってしまうかもしれません。もちろん離婚を悪だと言うつもりもないわけですが。

もしＳＮＳの投稿前に妻に対してひと言あれば防げたかもしれない。あるいは、「絶対にやめて」と抗議され、妻がこれほど不信感を募らせる事態にはならなかったかもしれない。

でも、それらはすべて結果論ですからね。少々長くなりましたが、モデルなき時代だからこそ寄せられた象徴的な相談を紹介しました。

第2章

現代における「人生相談」の意義と考察の限界

新聞における悩み相談の意義、そして利点

本論に入る前に、新聞における人生相談の意義と限界について、思うところがありますので、少し触れさせてください。まずは意義です。利点と言い換えることもできるでしょう。

世の中が「モデルなき時代」になったからこそ、人生相談がさまざまなところにあふれています。かつて、みのもんた氏が司会をしていたテレビ番組『おもいッきりテレビ』は終わってしまいましたが、それ以外にもテレビやラジオでの人生相談はありますし、もちろん新聞や雑誌でも数多く存在します。

そして今、もっともにぎわっているのが、インターネットでの人生相談です。ネット上には、さまざまな形の人生相談があふれています。その回答者を見てみると、多種多

彩な専門家が登場したり、あるいは一般の人が答える形式のものもあったりします。

その中で新聞での相談の意義というのは、どこにあるのでしょうか。

もちろん私が回答者の一人を担当している読売新聞の他にも朝日新聞や毎日新聞などでも相談欄があり、ここでもいろいろな専門家の人たちが回答しています。

冒頭に述べたように長い歴史を持つ読売新聞の『人生案内』は、新聞社側がコントロールしていることもあって、テーマや回答する専門家を見てみても、偏りがあまりないと言えます。そんなフラットな場であることが質問者のほうにもわかっているのか、質問自体も真剣なものが多いのが特徴です。

ウケを狙ったおもしろい回答を求めるというよりは、「どのようなものがモデルか」「自分に合ったモデルはなんなのか」と、真摯に探し求めて投稿してきていると感じています。

ですから、私も含めた回答者や、新聞の担当者も、その点に気を遣いながら回答をみんなでつくり上げているのです。

最終的には個々人の解決策にもなるけれども、汎用性を持たせるという点を強く意識しています。つまり、まったく同じ問題が起きることはないかもしれないけれど、似たようなことが起きたときに参考になるように心がけているのです。

インターネット上の人生相談をのぞくと、ウケを狙ったような質問もあれば、回答もあります。意見として極論や過激な回答が飛び交うことも多い。先ほどの記事であれば、「そんな夫とは今すぐ離婚してしまえ」というような意見です。「そもそもそんな夫と結婚したあなたが間違っているんだ」というような相談者を責め立てる回答や、いわゆる炎上しているものも多く見受けられます。

手軽なネット相談の落とし穴

でも、人生相談において、相談者をないがしろにはできません。

先ほどの相談でいえば、子どもをどうするかとか、そういうのもすべて考えたうえでの回答でないと、相談者本人にとっては役立たないでしょう。だからこそ私は、なるべく現実的な回答を心がけるようにしていますし、その実現可能性については、読売新聞のほうでも非常に気を遣っています。

責任が問われないからといって、無責任で勝手な回答をしていいわけはありません。私自身は真摯かつ切実な思いで相談を寄せてくださった相談者の方のためにも、常々責任を感じています。

だからといって、ネット上の極端な人生相談を批判しているわけではありません。おそらく役割や機能が違うのだと思います。ネットに相談する人というのは、一緒に怒ってほしい、共感してほしいという思いのほうが強いのでしょう。

一緒に怒りを吐き出すのと、現実的に役に立つものを求めるのとでは、別の役割ということですね。

繰り返しになりますが、新聞の回答でできることは「現実的な選択肢を示す」ことです。

「ブラック企業に就職してしまったのですが、どうしたらいいでしょうか?」と聞かれて、「それを選んだおまえが悪い」と自己責任を強調する回答も可能です。しかし、過去をやり直すことはできません。私は、後悔は一文の得にもならないと思っています。人に後悔させるくらいなら、未来に向けて一緒に考えていきたいと思っています。だから回答の心がけとして、私は、「あなたが悪い」あるいは「過去の報いがこうなった」というような論調は避けることにしています。

ここの部分に、新聞の人生相談における意義があるのではないかと思います。

新聞における悩み相談「分析」の3つの限界

ただ、一つ注意していただきたいこともあります。『人生案内』に寄せられる相談内容が、社会の人々の悩みや生きがたさを、そのまま反映しているわけではないということです。

私は、『人生案内』から見た現代社会の姿を示したいと思っていますが、新聞の悩み相談には、３つの分析の限界があると考えています。


１つは、相談者の属性です。

考えてみれば当然なのですが、新聞を読む金銭的、時間的に余裕がある人でなければ、相談してきません。いつ回答が載るかは、事前にわかりませんから、回答を見るまで、新聞を読み続ける必要があります。

そして、ネットのように投稿すればすぐに回答が得られるわけではありません。相談文が、新聞社から回答者に回り、回答を考え新聞社に送り、編集者が質問をまとめて載せるというプロセスが最短でも二週間はかかります。私も回答に数ヶ月かかったものもあります。だから、「今困っているからすぐに助けてほしい」という類いの質問は、対応できません。

2つ目は、新聞社による選別です。

投稿欄に記しているように、純粋な健康、病気、法律相談などは、受け付けていません。精神科医の先生、弁護士の先生もいらっしゃいますが、あくまで、専門的知識を持ち合わせている個人として回答なさっています。また、相談は多数寄せられますから、新聞休刊日を除く毎日といっても、寄せられた相談のすべてを載せることはできません。

どの相談を載せるか、載せないかという新聞社の方針は、詳しくはわかりませんが、同じような内容の相談は間隔をあけたり、なるべく年齢や性別を幅広くとるということは聞いています。

そして、十人以上いる回答者にどの相談を振るかも新聞社に任せられています。私の専門は家族社会学ですから、家族関係、若者関係、恋愛関係の相談が、必然的に多数選ばれることになります。

最後に、新聞への投稿という限界があることです。

新聞への相談は、基本的には一方通行で、回答者から質問したり、より詳しい事情を聞き出したりということは、できません。前述の『おもいッきりテレビ』というテレビ番組で、「ちょっと聞いてョ！　おもいッきり生電話」というコーナーがありましたが、そこではみの氏が電話越しに相談者へ矢継ぎ早に質問をしていました。

新聞の相談欄では同じことはできません。寄せられる相談内容はメールで寄せるもの、ワープロで来るもの、手書きの便箋10枚以上におよぶ長文のものまでさまざまですが、新聞に載る際には、400〜600字程度に要約されます。そして、こちらから、追加質問はできません。

だから、状況に関してわからないので、回答が難しいときもあります。たとえば、同性愛者など性的マイノリティの方からの相談の場合、親もわかっているのか、誰にも知らせていないかで方針が異なる場合があります。そこで、多少想像して補ってみたり、もしこうだったらこう、ああだったらああ、という形で、枝分かれした回答をすることもあります。

そういった制限があるということも頭に置いていただいたうえで、先の3つの傾向を考察していきたいと思います。

第3章　多様な愛や性の形に関する相談

性愛にスタンダードが存在しない時代

「はじめに」で取りあげたような、女装趣味というのは、実は昔からあったものです。明治以降の近代においても一般的に存在していました。私の先輩教授も、女装に関する調査研究を行っています。

ですから、女装が趣味だという人がいることには、驚きはありません。ただ、私が注目したのは、それを家族が相談してきたという点です。

本人が、「自分の趣味は変なんじゃないか」と悩み、相談してくるのならばわかるのですが、それに気づいた奥さんが……ということには、驚きを禁じ得ませんでした。

いわゆる「あたりまえ」というのが、存在しなくなってきた時代だということです。今まであたりまえであったものが、あたりまえでなくなってきた。特に、性や愛の形において、「あたりまえ」がなくなってきたという点が、現代的特徴だと感じます。それが、相談を誘発しているのです。

昔だったら、女装趣味の人が身近にいることは考えもしませんでした。女装趣味があったとしても、そんなものはひた隠しにしておくものでした。墓場にまで持っていくような秘密だったわけです。万が一、夫の女装趣味に気づいても、他人に相談するなんて考えられなかったでしょう。

ですから、全国紙上で公開相談ということにはなり得ませんでした。おそらく、子どもにも知られているということは、女装趣味の夫は、妻にバレてもいいと思っていたのでしょう。

私が驚いたのは、この点です。

夫の態度が堂々としていることに対してなのです。

これは、次の相談記事にもつながることなのですが、これまでは「若いときに異性同士が惹かれ合って結婚し、浮気するのは夫で、高齢者になれば性欲がなくなる」というようなコースがあたりまえのものという前提がありました。そこから外れたものは、病気やあり得ないものとして処理されてきました。必然的に、本人も自分のことを病気だと思い、隠そうとしてきた経緯があります。

今回の相談者の夫は、自分では「病気」と言っていますが、実際には堂々としているように見て取れます。本人が、他人には気持ち悪く映る可能性のある性癖を持つことに関して、悩んでいないのです。

そういったことを頭に入れつつ、次の相談を見てみましょう。

相談④ 70代男性 年下の彼に未練（2013年7月29日）

◎内容

70代男性。女性と結婚して子も持ちましたが、同性愛者です。最近まで交際していて、別れた彼についての相談です。

私は元々、女性も愛せるのですが、老境に入って妻との性生活が疎遠になるにつれ、若い男性への興味が深まりました。3年前に当時37歳だった独身男性と知り合い、付き合ってきました。

その彼に最近、40代の交際相手ができて、私から離れていきました。「去る者は追わず」「去る者は日々に疎し」という言葉もありますし、自分の年齢や家族への反省もこめて色恋沙汰から卒業して、冷静に生きようと思いました。彼の携帯電話番号やメールアドレスも消しました。

しかし、現実は、３年間愛し合ってきた彼が、その男性と付き合っている場面を想像してしまって、つらいのです。特に週末や休日になると、気が狂うほどの嫉妬心に悩まされ、夜も眠れません。

恋愛がらみの嫉妬心には、男女間だけでなく、年齢差もまったく関係がないことを思い知らされています。こういう悩みから、どうすれば早く脱却できるでしょうか。

（岡山・Ｓ男）

◎**回答**

映画『ベニスに死す』を思い出してしまいました。年老いた作曲家が美しい少年に焦がれる１９７１年の名作です。年齢、同性愛、異性愛を問わず、愛する人を失うつらさは、変わりませんね。

　恋人を奪った相手に嫉妬するのは当然のことで、それほど、あなたの恋愛感情が強かったのですね。お立場上、誰にもそのつらさを話すことができなくて、悩みを一人で抱えていらっしゃると推察されます。

　もしそうでしたら、悩みを話せる相手を見つけて、あなたの思いや気持ちを語り尽くすことが一番だと思います。

　あなたが同性愛者であることを知っている口の堅い友人の方がいらっしゃればその人に、いらっしゃらなければ、思い切ってカウンセリングを受けるのがよいのではないでしょうか。多少お金はかかりますが、職業上、秘密は守りますし、あなたのお話を受け止めてくれるでしょう。嫉妬心はなくならないかもしれませんが、気持ちが整理されてすっきりされるのではないかと思います。


高齢でゲイである人は、私自身たくさん知っているので、そこまで珍しいとは思わないのですが、それはひとまず置いておき、この相談者が従来の常識を打ち破っているということに注目します。

ゲイであること、高齢者であること、さらには都会ではなく地方在住ということです。そして、映画にもなったトーマス・マン原作の『ベニスに死す』のごとく、数十歳離れた年下のボーフレンドがいる。

この相談者の何がいちばんの驚きかというと、別段同性愛に悩んでいるようではないというところです。もっと言えば、「ただ普通に恋人にフラれて、傷ついているだけ」ということです。

性的マイノリティという表現が一般的になって久しいですが、これはもう新しいステージに入ってきていることを示していると感じます。それもこのケースでは、高齢の同性愛においてです。

もちろん性的マイノリティとひと口でいっても一様ではありません。同性愛がもっともポピュラーですが、それ以外にもトランスジェンダー（自分の身体的性別に違和感を持つ人）もありますし、女装趣味のような異性装もあります。さらにはマニアとかフェティシズムと呼ばれるような多彩な性的指向のものもあります。

重要なのは、どうやら性的マイノリティであること自体への悩みは、少なくなってきているのではということです。かつては多かった、同性を好きな自分は変なのかとか、私が女装したいというのは異常でしょうかといった本人の悩みは、かなり減ってきました。もちろん、この傾向は赤川学氏が考察しているように新聞紙上の相談だからかもしれませんが（赤川・２００６年）。


一方で、身近な存在に性的マイノリティがいるゆえの悩みや、性的マイノリティである当人がいかに周囲の人とうまくやっていくかというような悩みが増えているのです。

これは東京都渋谷区が日本で初めて同性愛者に配慮した条例――２０１５年に施行した同性パートナーシップ条例（渋谷区男女平等及び多様性を尊重する社会を推進する条例）あたりから、大きな変化があったように感じます。

実際、ここ数年は、そういった投書が際立って増えているのです。

性的マイノリティの周りにいる人からの相談の増加

相談⑤　息子は同性愛者なのか（2012年8月1日）

◎内容

50代主婦。20代後半の息子のことで相談します。先日、息子の部屋を掃除していたら、男性同士の性行為の際に使うような商品を見つけてしまいました。

学生時代から、息子の周囲にはいつも女の子がいました。高校の頃には、告白された女性と付き合ったこともあります。ただ、つまらなくて別れたようで、その後も、特定の女性がいたかどうかわかりません。また、過去に何度か、息子から「結婚はしない。でも誰にも迷惑はかけない」と言われたことがあります。

もしや息子は同性愛者なのか、と考えると、夜も眠れません。私がそんな風に産み育ててしまったのかと、自分を責めてもいます。同性愛者と確認する方法はあり

ますか。夫にはまだ話していませんが、伝えるべきでしょうか。（東京・T子）

◎回答

そうした商品を発見した時は、さぞショックだったでしょう。しかし、それを持っているだけでは、同性愛と決めつけることはできません。異性愛者でも、そうしたものを持っている人はいるでしょう。ただ、息子さんはノーマルではない性癖をお持ちなのかもしれませんね。

セクシュアリティー（性）研究で有名なある教授の名言に、「人間皆変態」というものがあります。普通に生活をしている人でも、性に関してはノーマルではない部分があることが多いのです。成長の過程で、たまたまそういう性癖を身につけてしまうだけで、あなたの育て方とは関係ありません。基本的に、他人に迷惑をかけるものでなければ、そっとしておくことをお勧めします。

仮に息子さんが同性愛者だとしても、あなた以上に息子さんの方が悩んでいることも考えられます。家族や友人に自分の性癖を受け入れてもらえるかどうか、不安に思っていて、あなたが追及すれば、かえって、息子さんは精神的に混乱してしまうかもしれません。

異性愛の人でも結婚しない人は大勢います。ご主人にも言わずに、このまま生活を続けていってください。もし息子さんから自分が同性愛者だと打ち明けてきたら、受け止めていただきたいと思っています。


この相談者のように、自分の家族に同性愛者がいることも十分にあり得る時代になってきています。問題なのは、家族として、友人として、同性愛者とどのように接したらよいかという標準的な考え方がないことです。自分なりに考え、行動しているとしても、やっぱり自信はない。だから、多くの人が新聞に投書してくるわけです。

「本人がカミングアウトしない限り、親は何も言わない」というのは鉄則なので、「ご主人にも言わずに、このまま生活を続けていってください」と答えましたが、その後に「打ち明けてきたら、受け止めていただきたいと思っています」と書いて締めくくりました。

私自身、「そのままでいいでしょう」という考え方がこれからのスタンダードになってほしいと思っています。一方で、時代の流れとして、カミングアウトする人が確実に増えますから、受け止める側の心の準備も必要でしょう。

そんなわけで、このような回答になりました。関連する内容として、次の相談をご紹介しましょう。

相談⑥ 性的少数者 就活どう臨む（2016年2月27日）

◎内容

大学3年生。心と体の性が一致しないトランスジェンダーで、生物学的には女です。就職活動の準備中ですが、エントリーシートの男女の記載をどうするか、スーツは男女のいずれにするかなどで迷っています。

どちらも男を選び、男として社会で生きていきたいと思ってはいます。しかし、僕たちのような人間への理解があるのかわからず、書類不備などとされて選考から漏れる可能性を考えると不安でいっぱいです。かと言って、体に合わせた選択をすると、今後、多大なストレスがたまることは想像に難くありません。

エントリーシートに性別の記載がない企業を探していますが限られます。希望の業界に提出することすらできないかもしれません。

一部の友人にはカミングアウトしていますが、親にはできておらず、相談できる大人、社会人がいません。

（滋賀・K）

◎回答

性的少数者に対する理解は、一昔前に比べれば進んでいるとはいえ、現実には、まだまだ偏見や誤解が多いのは事実です。たいへんなご苦労をなさっていると思います。

就職活動に入る前にまず、実際に社会に出て働いている先輩方のお話を聞きましょう。今は、性的少数者の就活のためのサポート団体ができ、セミナーも開かれています。近くにはないかもしれませんが、できるだけ早くコンタクトを取り、時間をかけてでも参加して、相談することを強くお勧めします。トランスジェンダーと一言でいっても、お気持ちの強さや置かれている状況は人それぞれです。あなたの現状や希望にあったアドバイスをもらえると思います。

性的少数者という自分らしさを大事にしながら、就活を進めてほしいと思います。一方で、就活でカミングアウトしたら、根掘り葉掘り聞かれて傷ついたという話も聞きます。やりたい仕事があるのなら、まずは女性として就職なさり、経済的な自立を目指すという方法もあります。いずれにしろ、同じ悩みを持つ経験者がよいアドバイザーになってくれると思います。早く性的少数者に対する偏見がなくなる日が来ることを望みます。

このケースは、性的マイノリティが、就職活動にどう臨むかというテーマです。これは非常に難しいところです。

同性愛は、プライベートですむ問題です。つまり、仕事とプライベートをしっかり分けていれば、仕事に支障をきたすことはまずないでしょうし、家族や友人も含め、誰にも知らせないでおくことは可能です。

しかしながら、今回の質問者のようなトランスジェンダーの場合は、そうはいきません。自分の性別を明らかにして生活する、というのが現代日本における社会のルールですから、トランスジェンダーであることを、さまざまな日常生活において明らかにしなくてはならない場面が出てくるのです。中でも、就職は大きな関門です。トランスジェンダーの人が、同性愛の人よりも日常生活における悩みを抱えやすいというのには、そのような背景があります。

偏見が存在しなければいいのですが、残念ながら今の日本の社会には、偏見を持った人はまだまだ多く存在します。この前提があるうえで回答しなければなりません。

実際、非常に難しい作業でした。ですからこれに回答するにあたっては、性的マイノリティの研究者や支援者に対して、事前にヒアリングを行いました。社会の偏見はすぐにはなくならないので、「偏見はけしからん」とか、「偏見に対して戦おう」という回答も、本人のためになるとは限りません。

それならば、もっと現実的に考えるしかありません。実際問題として、就職活動の面接で、履歴書では女性なのに、男性の格好をしていたらどうなるでしょう。業界にもよるかもしれませんが、大企業や旧態依然とした堅い業界だったりするならば、確実に難しいでしょう。

つまり、トランスジェンダーだと明かせば、自分が好きな業界には就けなくなるという差別を受ける可能性が高いのです。

出版業界やIT業界だったら受け入れる土壌がありそうだということも考えられます。でも、「かもしれない」というだけで、確実にリスクは残っているわけです。

相手を信頼して大丈夫だと思って打ち明けてみたら、根掘り葉掘り聞かれたうえに、結局不採用となり、イヤな思いだけをしたというケースは、すでに複数あります。

就職活動においては現実的には、FTMの人のほうがまだ切り抜けやすいかもしれません。FTMとは、female to male（身体的には女性であるが性自認が男性）の人です。男装といっても、女性がズボンをはいてもいいわけですし、化粧っ気がなくても違和感はないわけです。

でもＭＴＦ、つまりmale to female（身体的には男性であるが性自認が女性）となると、かなり厳しい状況でしょう。体は男性なので、スカートをはいて就職活動をするということは困難が伴います。

今回の質問者の場合は、まだある意味では社会的に受け入れられやすいので、現実的に「まずは女性として就職なさり、経済的な自立を目指すという方法もあります」と書きました。

いずれにしても、主論としては、「サポート団体に相談を」という、ある意味で逃げの答えをしてしまっていて、回答者として忸怩《じくじ》たる思いを抱えています。

ただ、性的マイノリティー、トランスジェンダーといっても、人によってその状況に違いがありますので、ひと言ではくくれません。ですから、現時点ではやはり先駆者に聞くしかないというアドバイスが妥当だったと思います。

ＬＧＢＴにおけるモデルとは？

ＬＧＢＴというテーマに関しては、十分だとは言えないまでも近年、着実に理解の幅が広がってきていると感じます。

私は30年以上にわたって、家族のセクシュアリティについても研究を行ってきました。その中で、ゲイの人やトランスジェンダーの人にもヒアリングを重ねてきましたが、20年前に彼らにヒアリングして発表した際は、奇妙な、あるいは珍しいものというふうな受け取られ方をしたものです（江原由美子・山田昌弘『ジェンダーの社会学』放送大学出版会）。

私としては、とにかくそういう人たちが存在していること、そして、その本人にも周りの人にも、ＬＧＢＴの人たちが病気でも異常でもなく普通の存在であるということを知ってもらいたいという強い思いを抱き続けてきました。

近年、LGBTという、単にゲイや同性愛だけではなくて、いろいろな性の形があるのだということが世間一般に認知されるようになってきました。

それには、先にも触れた、渋谷区で始まったパートナーシップ条例というのがひと押しになりましたし、海外では認められている国もある同性同士の結婚が、ニュースやインターネットを通して紹介されたり、さらに性同一性障害に関しては、2005年に法律的に性別変更が認められたりということも、少なくない影響があったことと思います。

しかし、それでも周りの偏見がすべてなくなるということはありませんし、相談⑤で紹介したように当事者の家族など周りの人からの相談は、ますます増えるでしょう。

そして、やはり「モデルなき時代」という概念が大きく関わってきています。

LGBTの人がどのように振る舞えばいいのか、というルールや共通意識のようなものが根付きつつあったとしても、次の段階である、その周りの人はどう振る舞えばいいかというモデルが、日本ではまだ存在しません。

実は、欧米では「子どもがゲイであることがわかったときにどうすればいいか」といったようなマニュアルがたくさん出回っています。テレビドラマでも、ゲイの人がごく自然に登場人物として出てきます。そういうものを見聞すれば、だいたいの振る舞い方というのはわかるわけです。とはいえ、そんな欧米でも偏見は存在していますが。

一方で、日本ではそういうモデルを示した本は、ほとんどありません。ですから、モデル・振る舞い方がわからない状態が続いています。「そういう人を知っていても、他人には話さない」というのは、LGBT支援者の間では鉄則ですが、そのようなルールの存在も知らない人がまだ多数いるのですから。

おそらく、インターネットでこういった相談をしてしまうと、必ず極論だったり、過激な意見だったりが出てきて、炎上しかねません。

その意味では、ニュートラルな立場である新聞紙上での相談・回答は、大きな役割を果たしているのではないかと思います。

加熱する高齢者の恋愛事情

次に、昨今、盛り上がっている高齢者の恋愛や配偶者の浮気（不倫）に関する相談と回答を見ていきましょう。
まずは、２つの相談を並べて検討します。

相談⑦　交際相手が心変わり、苦しい（２０１３年８月17日）

◎内容

60代女性。趣味のサークルで、同年代の男性と知り合いました。
２人ともバツイチで、同じような境遇でした。
すっかり意気投合して、２人でデートをするまでになりました。
デートのたびに一日でも長く、この幸せが続きますように、と祈るような気持ちでした。夢のようでした。

ところが最後に会った日は、いつもとは違って、よそよそしかったので、心配でした。それっきり電話はありません。

今までに一度もいがみ合ったこともなく、いまだに原因がわかりません。

サークルには今まで通り行って、顔を合わせますが、私語を交わすことはありません。サークル内での彼は、前向きで、女性に人気があります。苦しくて胸が張り裂けそうです。

彼と共有する時間が私の生きがいでしたので、今後どう生きていったら良いのかわからなくなりました。私がサークルをやめれば、この苦しみから逃れられるとも思うのですが、どうしたら良いでしょうか。


（茨城・K江）

◎回答

還暦を過ぎてからも、恋心を味わえるなんてすてきですね。

だれが言ったのか定かではありませんが、「未練残すな、思い出残せ」という名言があります。彼の心を取り戻す方法はないと思ったほうがよいでしょう。

多分、彼は、あなたの知らないところで別の人と楽しい時を過ごしているかもしれません。しかし、それを知ったところでどうしようもありません。

彼のことはすっかりあきらめて、楽しい思い出だけ残すようにしてみてはいかがですか。サークルに出るのがつらければ、しばらく休むなり、別のサークルに移ることも考えてもよいでしょう。

思い出に変わるまで時間がかかるかもしれませんが、それを待つことですね。そうしているうちに、魅力的なあなたのことですから、別の男性と知り合って、つきあい始めるかもしれません。

まだ、第二の青春は始まったばかりです。過去は過去として、新しい恋が芽生える日が来ることをお祈りしております。

相談⑧　11年交際男性が別の女へ（2014年11月18日）

◎内容

60代女性。長く付き合っていた男性が、他の女性の元へ行ってしまい、吹っ切ることができません。

彼は亡き夫の趣味仲間で年下の独身です。11年間お付き合いし、お金も100万円ぐらい貸していました。ところが、半年ほど前に突然別の女性と同居を始めてしまいました。彼の話によると、新しいお相手も、夫に先立たれた独身女性のようです。

これからの人生を彼と歩んでいくつもりだっただけに、大きなショックを受けました。今でも、彼が住んでいた借家の横を車で通り過ぎたり、家を見に行ったりしてしまい、自分でも情けなくなります。

女性との同居先は同じ市内のようで、最初はその家を探したりもしました。今は、「それを知ってどうする」「知ったらかえって惨めになるだけ」と思い、積極的には探していません。

お金の返済も望んではいません。彼への執着心を断ち切り、前向きに生きるにはどうしたらいいでしょうか。

（茨城・O子）

◎回答

11年付き合って将来も考えていた彼との別れ、さぞおつらいことだったと推察いたします。恋には、いつか終わりが来るというのは、生涯恋愛時代でも同じですね。

若いころの恋愛は結婚等ゴールがありますから、割り切りやすいのでしょうが、中高年の恋はゴールがはっきりしないのが難点ですね。逆に言えば、11年間恋心をいだきながら、好きな男性と付き合えたというのは、周りから見ればうらやましいのではないでしょうか。

さて、吹っ切る方法ですが、あなたは、心の中ではよりが戻るのではと思っているのでは。彼のことが思い出されたら、「11年間これだけ楽しかったのに、何で他の女に走ったんだ」と、口に出して言ってみてください。彼に聞かせなくていいのです。人がいない所なら、大声で言ってみましょう。そして、「私のようないい女を振っておいて、後悔するぞ」とも叫んでください。少しは気が晴れますよ。

それから、彼を見返すくらいのいい男性を見つけるように新たに一歩を踏み出してみてはいかがでしょう。

生涯恋愛時代への突入

もしこれらの記事の見出しだけを見たら、何歳の方からの質問に見えるでしょうか？　10代か20代か、あるいは30代でしょうか。

実際は、どちらも60代の女性からの相談でした。彼女たちのように、「恋に悩む高齢者」の相談は、私以外の回答者のところでも増えてきています。

特徴的なのは女性からの相談が増えていること。かつてもこういった高齢者の恋愛に関する質問はあったのですが、その多くは男性からのものでした。実際、再婚率も男性のほうが比較的高かったという調査データがあります。まことしやかに、「男性は浮気をするもの」や「男はいつまでも生涯現役」というようなことが言われたりすることもあるようですが、それがくつがえってきたということでしょう。

その背景には、高齢化が進んでいること（健康寿命が伸びていること）、未婚率や離婚率が増えていること、高齢化とも関連しますが配偶者との死別が増加していることなどがあります。

つまり、中高年の独身者が増えている。その結果、高齢者の恋愛が男女ともに増えているのですね。今後、こういう相談はますます増えるでしょう。交際が活発化すれば、当然別れも増えるわけですから。

考えてみれば当然ですが、若い人が恋人に振られて悩むよりも、中高年になって独りでいるほうが、深い悩みというわけです。

なぜなら、別れたときにどうしたらいいかというモデルケースがないからです。若い人からしてみれば、ドラマでもアニメでも小説でも、あるいは友人や先輩・上司などもそうですが、アドバイスや示唆を与えてくれるものがたくさんあります。だから、「こうすればいい」というモデルケースがあるため、悩みはそこまで深刻化しません。アドバイスする側としても若い人には助言しやすかったわけです。

しかしながら、高齢者の恋愛だと、情報やモデルケースがほとんどない。だから、皆さん途方に暮れ、新聞に投書してくるわけです（もちろん高齢者ならではの孤立や独居などへの恐怖心が、悩みを複雑化させているという面もあるとは思いますが……）。

まさに、モデルなき時代の典型的な２つの相談だと言えます。

ついに「生涯恋愛時代」に突入した――私はそんなふうに感じています。そのことは、皆さんご自身が感じているかもしれません。

たとえばここ数年、電車で見かける週刊誌の中吊り広告でも、高齢者の性に関する記事が目立ちます。西原理恵子さんのエッセイ漫画『ダーリンは70歳』（小学館）はベストセラーになりました。高齢者の性に関する書籍も少なくありません（『セックスと超高齢社会』２０１７年／坂爪真吾／ＮＨＫ出版、『東大名誉教授の私が「死ぬまでセックス」をすすめる本当の理由』２０１６年／石川隆俊／マキノ出版、『大人のセックス　死ぬまで楽しむために』２０１３年／宋美玄／講談社）。

私は、相談⑦の記事での回答を「すてきですね」という一文から始めましたが、これは本音から出た言葉です。

生涯恋愛時代というのは、これから高齢化がますます進行する中で、必要な時代の変化だと思っているからです。相談者本人からしてみれば、そんなふうに言われたくないかもしれませんが「元気の秘訣」です。

ですから、いずれの回答についても、締めくくりは、「これからもがんばってくださいね」という意味合いの前向きなものにしています。これからも恋愛していきましょう、というメッセージです。

では、「生涯恋愛時代」が必要な理由について、少し触れたいと思います。

今後は、さまざまな形での独身の高齢者が激増する時代になっていくでしょう。かつては、ほとんどの人が結婚し離婚せず、夫婦で高齢を迎え、死別し、独身となっても数年で亡くなるという流れが典型的な「モデル」でした。そして、多くの死別高齢者には同居する子どもがいたのです。

しかし、今後は死別に加え、離婚して独身となった高齢者、生涯独身の高齢者というパターンが増えてきます。子どもがいてもあえて同居しない独り暮らしの高齢者も増えてきました。

もちろん生きがいというものは、人それぞれですが、身近で重要な生きがいとしては、「人とのコミュニケーション」や「お互いを大切に思うこと」があげられます。恋愛は、この2つを実現できるわけです。

著名な社会学者の上野千鶴子先生は、著書『おひとりさまの老後』（文春文庫）の中で、結婚していても離別や死別がある、たとえ子どもがいても、子どもは独立してしまうため、どんな人も結局は「おひとりさま」になる可能性があると述べています。

つまり、家族がいて、皆で一緒に住み、実際に仲むつまじいという場合を除けば、未婚、離別、死別といった形での独身の中高年がたくさんいますし、その数はこれから増えていくということです。

そのときに、恋愛というものが一つの生きがいとなって、高齢者は精神的かつ肉体的にも元気になれる。恋愛が、健康にいきいきと長生きするために、重要な要素となりうるわけです。

恋愛で老後生活をいきいきと楽しく過ごす

ただ、高齢者の場合も若者と同じように、恋愛があれば必ず失恋があります。

また、恋愛が成就したとしても、相手が数年で亡くなることもあるでしょう、若い人に比べればその可能性は高いのです。必然的に失恋や死別による「喪失」が生じます。

その際、どのような気持ちで対処すればいいかわからない、また次があるかどうかわからなくて不安だ、乗り越えられない、といったような相談も今後は増えてくると思います。

とはいえ、「別れがつらい」からといって恋愛をしないよりも、別れるつらさも、新たな恋愛をする楽しさも、中高年の人たちの中にあたりまえのようにあっていいと私は思っています。

現実社会では、いまだに「年をとっているのに色恋沙汰なんて！」「高齢者なのに欲求があるなんてはしたない」と狭い了見を振りかざす人々もいます。

社会現象としては理解できても、こと自分の年老いた親が老人ホームで出会った高齢者と恋に落ちるということに、あわてふためく人々もいるでしょう。現実に、遺産の心配をする人もいるかもしれませんね。

これまで以上に、このテーマの相談が増えるでしょうが、現実にそぐわない固定概念にとらわれることなく、自由に生きていい――そのようなメッセージを発信し続けていきたいと思っています。

ちなみに、2015年の50歳時点の未婚率は男性で約23%、女性で14%です（国勢調査より）。その割合はどんどん増えています。50歳時点ですから、離別や死別を経験している人を加えれば、男性は約3割、女性も約2割の人が独身でいるわけです。さらには高齢者の数が増えているため、「独身高齢者」は、ある意味で社会のマジョリティを占めるようになっていきます。

私は、『家族難民』（朝日新聞出版）という著書で、独身で高齢を迎える高齢者が増えてくると警告をしましたが、高齢者の恋愛も、「生きがいの一つ」と思えるような社会になれば、世界屈指の長寿国である日本における老後生活は、単なる衰えではなくて、むしろ楽しみになるかもしれません。

生涯恋愛時代というのは、必要な時代の変化という言い方もできますが、もしかしたら必然性のある変化、高齢社会の当然の帰結であると表現したほうが正しいかもしれません。

２０１７年に『やすらぎの郷』（テレビ朝日系列放送）という引退した人気俳優などが入居する老人ホームを描いたドラマがヒットしましたが、そこに描かれている、恋愛に一喜一憂する高齢者像が一般化する時代はきっと来ると思っています。

妻の不倫・浮気に悩む男性の出現

相談⑨　妻が不倫　謝罪されたが苦しい（2010年2月20日）

◎内容

50代男性。同い年の妻と恋愛結婚して25年。子どもは独立し夫婦2人暮らし。半年前、妻の携帯メールを偶然見て不倫が発覚。信じられませんでしたが問いつめると渋々認めました。5年前からで、相手はサークル仲間の40代の妻子ある男性。自宅に招き入れたこともわかり、はらわたが煮えくりかえる思いです。

離婚して相手に慰謝料請求を、と考えましたが、妻を愛しており妻を失いたくないという思いが強く、思いとどまりました。妻は「二度としない」と謝罪。ただ相変わらずサークルに通っています。用心しているのかトイレにまで携帯電話を持っていく有り様です。

それでも、妻の言葉を信じ、何事もなかったかのように暮らしています。しかし、時々妻と男のことが頭をよぎり、苦しい思いでいっぱいに。食欲がなく体重が減り、夜も眠れません。妻に当たりたいところですが、悪い結果を招くことは明白なので耐えております。いつまでこの苦しみが続くのか。いい年をして恥ずかしいですが、時がたつほど、つらさが強くなるような気がします。

（茨城・N男）

◎回答

大変つらい体験をなさいましたね。ただ、妻が他の男性を好きになったという過去の事実を変えることはもうできません。もし、これが結婚前のことであったらどうしましたか。自分以外の男性と関係があったことがわかったら結婚しませんでしたか。相手の過去にこだわらず今の妻と結婚していましたか。

確かに、結婚前と結婚後では法律的には事情が違います。しかし、法律で気持ちを縛ることはできないのです。新たな気持ちで妻と人生を築くことができそうなら、このまま何もなかったことにして、生活を続けるのが上策です。愛している人と結婚できているという事実、そして、妻が浮気相手ではなく自分を選んだという事実に満足するべきでしょう。世の中には、愛していない人と結婚し続けている人も大勢いるのですから。つらい感情はいずれ消えます。それまではやけにならないように、趣味などに没頭して気を紛らわせるしかないでしょう。

この相談内容は、妻の浮気に関するものです。これも、男女差がなくなってきたと感じています。不倫の相談というのは、昔からありましたが、『人生案内』の100年の軌跡をたどっても、ほとんどが男性の不倫・浮気に悩む女性（妻）からの相談でした。

かつてはその回答として、「我慢しましょう」「大目に見ましょう」という回答すらありました。今では考えられないことでしょう。

しかし、今は逆転現象のようなことが起きています。女性（妻）の不倫・浮気は昔からありました。それが見えるようになってきたのは、妻に浮気された夫が、「どうしたらいいかわからない、解決策が見つからない」と感じ始め、新聞やネット上で明かし始めたからです。

ますます増える妻の不倫の顕在化

夫に浮気された妻というのは、事例として大昔から存在するケースで相談しやすく、周りも同情してくれます。1970年代は、そのような相談が多かったことが確認されています（『人生相談「ニッポン人の悩み」』池田知加／光文社）。そして、当時は、「耐えて戻ってくるのを待て」という回答が多かったことがわかっています。また、近年は、「離婚して慰謝料を取ることも考えてみたら？」というようなアドバイスもしやすいのですが、逆のケースだとなかなか難しいのが現状です。

そもそも妻の浮気に気づいたとしても、誰にも明かさないというのが男性側の常識でした。

なぜなら、男性は、「甲斐性がないからそうなった」とか「男性としての魅力が足りないから」と責められたり軽んじられたりすることだけは避けたいという生き物だからです。男として浮気された現実を認めたくないから、誰にも明かさないし相談にも行かないし、そもそも相談する場もありませんでした。

もっと言えば、そういう駆け込み寺のようなものがあったとしても、そもそも夫が妻の浮気になかなか気づかないという側面もあるでしょう。

実は浮気の割合は男女とも同じだと言われています。しかし気づく割合は、男性よりも女性のほうが高い。だから、今まで発覚しなかったという解釈もできます。

しかしながら、女性の社会進出が進んだり、スマートフォンのような情報機器が発達したり、仕事に没頭してきた団塊の世代などが、一気に定年退職を迎えたりした結果、浮気に気づく夫がにわかに増加し、こうやってプライドをかなぐり捨てて、相談してくる現象が浮き彫りになってきたということです。

実際にはこの相談者のように、「妻を愛しており、失いたくない」という思いが強い男性は多いようなのですが、回答者としてはそういう方に対して「離婚すればいい」とはなかなか言えません。

ですから、現実と折り合いをつけて婚姻を継続していくというアドバイスとなりました。

不倫が許されない理由――愛は制度に勝てないのか？

昨今、不倫スキャンダルのスクープを連発する雑誌『週刊文春』に牽引される形で、不倫および不倫バッシングが大ブームとなっています。

実は歴史的に見れば、日本では夫婦以外の恋愛に対して、おおらかであったことがわかっています。古典文学の中にも、いわゆる不倫は横行していて、『源氏物語』でも『万葉集』でも、男女とも、夫婦以外の相手との恋愛の話が多く載せられています。江戸時代であれば、心中物がたくさんあり、〝愛のために死ぬ〟というような情熱的な概念が広く受け入れられていました。

にもかかわらず、現代日本においてはとにかく「制度を守れ」「社会通念上ダメだ」といった大合唱です。そうした「社会規範」「倫理観」が非常に強い時代に我々は生きています。

その中にあって私は「愛情の重み」というものについて、深く考えなければいけないと常々思っています。

非常にデリケートで難しい問題で、誤解も生みやすいので簡単には言い表せないことなのですが、要は、制度、つまり夫であることや妻であること、そしてその役割のほうが重視されている制度至上主義がよいことなのか、という問題提起です。

夫婦の間に本当に愛情が存在しているかどうか。形骸化しているとしたら、夫婦の存在意義は何か。

欧米では「愛」を人生の最大要素ととらえます。25歳年上の妻を10代の頃から愛し続ける、フランスのマクロン大統領のような大恋愛も存在しますね。

フランスのような「愛情至上主義」文化が広がっているなら、周りから反対されようが、すべてを捨てて「愛に生きなさい！」というアドバイスもできるでしょう。そして、それは人間存在の根源的な部分までさかのぼれば、間違ったアドバイスではないと思います。

しかしながら、現状を考えると「愛に生きなさい！」は今の日本社会になかなかなじみません。「愛情がなくなったら離婚して、すぐ別の人を見つけなさいってことですか⁉」そんな声が殺到し、炎上するかもしれません。また、「世間体」を重視する日本社会で、周りに反対されようが、とは回答しにくいのです。

とはいえ、昨今の不倫報道や相談の増加を裏返して考えてみると、結婚制度の形骸化と言えなくもないでしょう。

だからこそ、「愛情の重み」というものを、もう少し重視する社会になってもいいのかもしれません。愛情が失われ、破綻した結婚生活を制度上継続するよりも次のステップに踏み出す自由がもっと認められていいという考え方です。

ですが、その場合は女性の経済的自立が大前提です。日本の高度成長期における離婚率の低さは、結婚したら専業主婦となるというモデルの上に成り立っていました。離婚後の生活力のない女性には選択肢がなかったわけです。昔の『人生案内』も、女性に経済的自立は無理という前提で回答していたのでしょう。

離婚しても女性が自立できる。愛情至上主義は、そんな社会が土台にあればこそ、実現可能です。

離婚が増えているのは、日本女性の自立度がだいぶ進んだという証左とも言えます。その象徴として、女性（妻）からの夫の浮気相談よりも、男性（夫）からの「妻の浮気でどうすればいいか」という相談が増えてきたということではないでしょうか。

不活発化する若者の恋愛

先に述べたように生涯恋愛時代、つまり高齢者の恋愛が活発化する一方で、不活発化する恋愛もあります。それは、若い人の恋愛です。

昔は若い人ならではの「好きなのに告白ができません」とか「フラれてしまった。どうしたらいいでしょうか?」という恋愛の悩みが多くありました。これらはあたりまえのことですし、「友人に聞く」「恋愛小説を読む」そして、「恋愛マニュアルが載っている雑誌や本を読む」といったところに、解決のヒントは周りにいくらでもありました。つまり、若い人が恋愛を始めるにあたって、そして、恋愛が終わるにあたっての「モデル」は豊富に存在しているのです。だから、わざわざ、新聞に投書してまで相談はせず、大きなテーマたり得ませんでした。

今、目に見えて増えてきているのは、次の2つの記事のような「恋愛に積極的になれないがどうすればいいか」という悩みや相談です。

相談⑩　20代男性　恋愛感情が持てない（2013年1月12日）

◎内容

20代の男子大学生。恋愛感情の抱き方がわかりません。

もうすぐ大学を卒業する年齢にもかかわらず、一度も女性とおつきあいしたことがありません。それどころか、恋愛感情を抱いた経験すらないのです。

同性愛ではありません。すれ違う女性に目を奪われたり、サークルの後輩がかわいらしいと思ったりします。でもそれだけなのです。彼女が欲しいという意識はあるのに、いざ女性と向かい合うと「この人とおつきあいしたい」という気持ちになりません。

幼いころから友人が「誰々が好き」といった話をするのを何度となく耳にしました。私は「好き」という感覚を体感することなくここまで来てしまいました。2歳下の弟は、恋愛に積極的で、彼女をよく家に連れてきて、うらやましく思います。

このまま一生、恋愛感情を理解することなく、砂漠のように乾ききった人生を送るのではないかと考えると不安で夜も眠れません。どうすれば自分を変えられるでしょうか
（東京・I男）

◎回答

詩人で評論家の吉本隆明に「恋愛は論じるものではなく、するものだ」という名

言があります。あなたは、恋愛感情はこのようなものであるはずという思い込みが強いようですね。

つきあうことと気持ちが一致しないのはよくあることです。誘われたので試しにつきあったが、デートしているうちに好きになってしまったという話もよく聞きます。

とすると、あなたは二つの選択肢があります。

一つは、このままで、強い恋愛感情を感じる相手の出現を待つというもの。恋愛感情を理解することだけが人生の目的ではありません。友人や仕事、趣味などで生活が充実していれば、恋愛感情に振り回されるより幸せかもしれません。

もう一つは、多少気に入った女性がいたら声をかけ、デートに誘ってみるというもの。恋人というよりも、おいしいものを一緒に食べる相手、映画を一緒に見る相手などを探したらいかがでしょう。そうしているうちに、好きになる女性がでてくることもあります。悩むより動けですね。

相談⑪　恋・部活・勉強ダメ　青春ムダに（2009年5月20日）

◎内容

19歳の男子大学生。私は人生に対して後ろ向きで、惰性で生きている気がします。自信がなく、自己嫌悪に陥っています。対人関係も希薄で部活動なども長続きせず、勉強の成績も相当悪いです。

一番関心のある異性との恋愛も、経験がほとんどないので女性に受け入れてもらえないのでは。怖くて、行動できません。高校時代の友人たちは、みないろいろなことに挑戦して充実した日々を送り、輝いているように見えます。うらやましく、コンプレックスを感じてしまいます。

さすがに、このままではだめだと思い、行動しようと努力していますが、うまくいかず、へこみます。この努力は正しいのか、むくわれるのか。不安がよぎり怖くなります。たった一度の人生、それも青春といわれる楽しい時期を無駄に過ごしていることが残念でたまりません。

もうすぐ成人。これまで以上の大人のつらさや苦しさがあると思うと、逃げ出したくなります。

困難にも立ち向かっていける人間になるためには、どうしたらいいのでしょうか。ご助言をお願いします。

（東京・Y男）

◎回答

若いときは、誰でも将来が不安ですし、他人が自分より充実しているようにみえるものです。私も含め、年末には1年を無駄に過ごしたという気分になるものです。だから、あなたの悩みは、あなた特有のものではありません。

ただ、あなたは、悩むことに悩んでいるようにお見受けします。自分のやりたいことが見つからないなら、悩む暇がない環境に強制的に自分を置いてみることですね。もし親元にいるなら、自立して生活してみることをおすすめします。今日の夕食はどうするか、明日の生活費はなどと考えていれば、不必要な悩みにはとらわれなくなるはずです。

また、どんな職でもよいですからアルバイトをして、何も考えずに黙々と仕事をこなしてごらんなさい。たとえ簡単な仕事でも、必ず誰かの役にたっています。そんな自分を実感していけば、やるべきことが自然と見つかってくるはずです。

恋愛しない、なんとなく恋愛ができないという若い人たちが現われてきたのも、昨今の特徴です。

ドラマ『逃げるは恥だが役に立つ』（2016年TBS系列）がヒットしたように、「積極的には恋愛関係を求めない」という若い人が増えています。ただし厳密にいえば、格差が生じてきたということが関連していると考えられます。

格差とは、恋愛格差のことです。

恋愛をする人はたくさんしているし、しない人はまったくしないという格差です。そうした恋愛格差が生じてきた中で、恋愛経験をしてこなかったり、そもそも恋愛感情が湧かなかったりといった若者の行き場がなくなってきているように考えています。

図1 交際相手の減少

		1992	1997	2002	2005	2010	2015
男性	恋人がいる	26.3%	26.2%	25.1%	27.2%	24.6%	21.3%
	交際相手がいる	19.2%	15.3%	11.3%	14.0%	9.4%	5.9%
女性	恋人がいる	35.5%	35.4%	37.0%	37.0%	34.0%	30.2%
	交際相手がいる	19.5%	15.9%	12.4%	12.4%	11.9%	7.7%

独身者で交際相手をもつ率の変化　18歳ー35歳

図2 交際意欲の減退

		2010	2015
交際相手がない未婚者で交際相手を希望する割合	男性	53.1%	45.7%
	女性	51.9%	44.0%
未婚者で結婚を希望する割合	男性	86.3%	85.7%
	女性	89.4%	89.3%

図1･2ともに国立社会保障･人口問題研究所「出生動向基本調査」より著者作成

私は、今、若者の恋愛離れについて調査していますが、国立社会保障・人口問題研究所の出生動向調査（２０１５年）でも、現実に交際相手がいる人は減っていますし、交際相手がいない人で、交際相手がほしいと思う人も減少しています。（図1、２）
特に好きな人がいないのなら、無理に恋愛しなくてもいいのではと思ってしまいますが、「恋愛感情を持てない」ことに悩んでしまうのです。

２つ目の相談の中に「怖くて、行動できません」という記述があります。現実的には、こちらのほうが多いように感じますが、彼らのような恋愛弱者に対して、どう導いていったらいいかということは、社会の課題になっていますし、これからますます顕在化してくると思っています。

先に述べたように本当は、「現代は生涯恋愛時代。70歳までが青春ですよ！　だからあせる必要はないですよ」と回答してあげたいところです。

でも、それだけだと、若者の恋愛離れに関する問題は、深刻化していくようにも考えられます。一つの手としては、私の回答にも書いたように、「恋愛に限らず、何か没頭できるものを見つけよう」と促すこと。そして、「悩むより動け」と啓発することです。ただ、後者ができないから悩んでいるのですから、現実的には前者のほうが有効と思いますが、やや遠回りなアドバイスだったかもしれません。

恋愛にあこがれをつのらせる高齢者

恋愛に積極的な高齢者と消極的な若者という好対照な例を見てきましたが、もちろん全体としてみれば、まだまだ若い人のほうが恋愛は積極的です。高齢者で恋愛をしている人の割合は少ないと思われます。しかしながら、悩み相談という点から見るとその数は逆転しているように感じられます。

その理由の一つに、今の中高年の人たちは、恋愛があこがれだった時代に青春時代を送ったということがあげられます。

若い頃に恋愛ができず不本意な結婚をした、あるいは恋愛感情を知らないまま年を重ねたというケースです。実際のところ、かなりの割合で存在しています。

不本意というと言いすぎかもしれませんが、お見合いなどで「まあいいかな」「親の勧めで」というところで、流されて結婚に至るイメージです。強い恋愛感情を持たずに結婚したといえばわかりやすいかもしれませんね。

だから、そういった人たちが年をとり高齢といわれる年齢にさしかかってから、亡くなるまでには一度、恋愛感情を味わいたいと切望し、身近に気になる人が現われたときは、「逃したくない」と思いきりよく行動に移す。そして、生まれて初めて、恋愛感情に浸る――そんなパターンが増えてきているのです。


ずっとあこがれていた恋愛が、夫あるいは妻が亡くなった後、目の前で現実性を帯びてくるわけですが、やはり恋愛経験が少ないから道に迷いやすくなりますし、身近に高齢者で恋愛している人は見つからない。同時に、あこがれを持ち続けてきて想像ばかりが先行しているため、必要以上にハラハラドキドキしてしまうということもあるでしょう。

たとえば、こんなパターンがあります。昔恋愛はしたけれども、結婚して夫婦になったらもう友達になってしまって、ハラハラドキドキなんて感じなくなってしまった。そんなときに、もう一度若い頃の気分に戻れるような相手が身近に現われた……。

これは、ドラマなどでも出てくるシチュエーションですが、それが現実に起き始めているということでしょう。そんな中で、子どもも独立し、定年も迎えているため、世間の目を気にすることなく離婚を選択し、新たな道を歩むことができる、という人もいます。

以上のような背景から高齢者の恋愛が増えてきたわけです。繰り返しになりますが、モデルがないのでどうしたらいいかわからず、悩みをぶつける相手もいないため、結局は新聞に相談してくるのです。

一方、若い人は、すでに述べたように、恋愛に対するあこがれが低下しています。そして、NHK放送文化研究所の調査（図3）では、そもそも好きな人がいないという中

図3「好きな異性がいるか」の変化

		1982	1992	2002	2012
中学生	好きな人がいる	41%	41%	31%	25%
	いない	54%	56%	64%	72%
高校生	好きな人がいる	54%	51%	40%	31%
	いない	43%	46%	55%	66%

NHK放送文化研究所　中学生・高校生の生活と意識調査より

学、高校生が増えています。1982年では、中学生41％、高校生54％に好きな人がいたのに、2012年では中学生25％、高校生31％に減っています。

ここであげているデータにもあるように、現代の若者は昔に比べて恋愛に対するあこがれ意識が低下しているのです。

この原因に関しては、さまざまな説が唱えられています。恋愛やセックスが楽しいものには思えない、経済的に恋愛する余裕がない、恋愛をあきらめている、性教育や報道でリスクばかり強調されている、失敗を恐れて消極的になっているなどの説があります。

私が、最も大きな要因だと思うのは、恋人や夫婦の間でセックスが「面倒くさいもの」となったというものです。

2015年の内閣府の調査で、恋人が欲しくない人の理由のナンバー1が「男女交際が面倒くさい」（46・1％）というものでした。とはいえ、結婚して生活を安定させたい、子どもを持ちたいという希望は強いままです。だからこそ、お金や時間、気遣いなど、ムダなものを省いて、いきなり結婚を目指す「婚活」が流行するとも言えます。

つまり、次のような結論が考えられます。

昔は、恋愛への強いあこがれがあったのだけれども、現実には付き合っている人は少なかった。一方で、今は、恋愛へのあこがれがなくなっています。その結果として、恋愛へのあこがれがやっと現実化した高齢者はリアルな恋愛の相談をしてくるし、若い人は恋愛感情が起きないという相談が出てくるわけです。

ちなみに、先ほど紹介した若者による恋愛感情が持てないという2つの相談は、いずれも男性によるものでした。

恋愛に積極的な「肉食系女子」は実は増えていない⁉

では、女性のほうはどうなのでしょうか。

「草食系男子」という言葉の対比となるキーワードとして、「肉食系女子」という言葉が世間をにぎわせたことがありました。いわゆる恋愛に積極的な女性という意味です。

でも、「肉食系」という言葉が持つインパクトに比べると、実際にはそこまで積極的な女性が増えたわけではありません。データから見ると、日本では昔も今もほとんど変わりません。昔と変わらないということは、つまり女性が基本的には誘いを待つ立場のままであるということです。

ただし、ここで一つ留意したい点があります。誘いを待っている女性は相談してこない、ということです。

そういう女性たちの多くは、なぜ自分が誘われないのかという理由を自覚しているので、新聞という公の場で相談なんてことはしたくないわけです。新聞への投書でなくても、日常会話で、「どうして私ってモテないんですか？」なんてことは、やはり聞けませんよね。

たとえば、日本性教育協会の2011年の調査によると、キスをどちらから持ちかけたかという調査だと、大学生でも「自分から」と回答する女性は2・3%にすぎません（相手から66・5%、どちらともいえない30・6%）。この割合は、1999年（8・7%）に比べ減っているのです（『若者の性白書—第7回青少年の性行動全国調査報告』2013年）。

このように、一般に女性は受動的で、誘われるのを待っている傾向にあり、それは今も変わっていないということです。そして、かつてと比べて誘う男性の絶対数が減っています。したがって、男女関係なく恋愛自体が減っているのです。

PART① 現代社会×悩み×3つの傾向

第4章 中高年のパラサイト問題について

いつの時代でも親は子どもが心配なものだけれど……

落語家の桂文珍さんの新作落語で『老婆の休日』というのがあります。映画『ローマの休日』に引っかけた題名ですが、病院の待合室に老婆がたくさん集まって、よもやま話をするだけの噺です。

88歳の老婆が「体中、もうどこをさわっても痛くて痛くて」なんて言っていたら、実はさわっている手の指のほうが折れていた、というようなことが、文珍さんならではと言える言い回しで淡々と進んでいく。とてもおもしろい噺なのですが、その中で、こんなセリフが出てきます。

「上の息子が60歳で定年を迎えたのだけれど、あの子が心配で心配で。ウチの息子も、生まれたときは玉のような顔をしていたのに、気づいたら顔がしわくちゃになって

――。」

次の相談が寄せられたときに、文珍さんの言っていたことは、落語の冗談ではなくて、もうすでに現実に起きていることだと気づき、はっとしました。落語というのは、社会の時事的なネタを風刺するような一面もあるので、当然といえば当然なのかもしれません。

相談⑫　60代息子が主夫　情けない（2014年3月12日）

◎内容

80代女性。夫は認知症で入院中です。60代になる息子が仕事を辞め、主夫をしていることを知りました。今後、どう接したら良いのか迷っています。

息子は大学中退で、職が定まらないまま、20代後半に堅い会社に勤める同年代の女性と結婚しました。息子は、子どもが生まれても職を転々としていました。嫁はできの悪い息子の愚痴を私たちに言ったことはありません。嫁にはとても感謝しています。

嫁は定年後も関連会社で働いています。息子は約10年前に資格をとって就職しましたが、腰を痛めて辞めたようです。私には仕事を続けているように見せかけて、私だけが知らずにいたのです。

私の娘も息子の一家のことを知っていまして、娘との会話の中で知ってしまいました。驚き情けなく、すぐにも息子をとがめようと思いましたが、娘に止められました。息子は嫁の代わりに家事をしていて、もともと肥満気味だったのがますます太ってきています。

今まで通り知らぬふりをして、息子たちと接する方が良いのでしょうか。

（香川・M子）

◎回答

高齢になっても、息子さんの生活が心配という時代になったのでしょうか。

ただ、このケース、息子さんを娘さん、お嫁さんをお婿さんに入れ替えてみると、事態は違って見えてきませんか。息子さんは、仕事は続かないけれど、家事をしている。お嫁さんは、正社員として家計を支えてきた。そして、お子さんを夫婦で育てあげた。確かに、男は仕事、女は家事という従来の基準から外れているかもしれません。でも、息子さん夫婦は、立派に家族生活を送っています。今の社会、このような家庭もあってよいという見本です。

多分、あなたに余分な心配をさせまいと、言わなかったのだと思います。そのことは気にしないことです。知らないふりを通してもよいですし、何気なく知っていることをほのめかすのもよいでしょう。

どちらにしろ、今までのように温かい目で息子さん夫婦を見守ってください。今後は逆に、助けてもらうことも多くなるでしょう。今は、時々行き来し、世間話をするというのでよろしいのではないでしょうか。

いつの時代でも親は子どものことが心配なものです。その中で、この相談が非常に現代的だなと感じるのは、80代の母親が家事をする定年後の息子を心配する、というところです。

それこそ読売新聞で『人生案内』が始まった大正時代の男性の平均寿命は、50歳に満たなかったわけですから、80代の母が60代の息子の老後を心配する時代がくるなんて、想像だにしなかったことでしょう。

大正時代と言わないまでも、これまでだったら、どちらかといえば成人した子どもが高齢の親の心配をして相談をするというのが一般的だったはずですが、今はまさに文珍さんの落語の世界が現実となってきました。

このように成人後の若者や中年の息子、娘に関する中高年の親からの相談は増えています。就職できない息子、結婚できない娘などが典型的です。ただ、今はとにかく高齢社会ですので、高齢の親のほうが元気で、いつまでもいつまでも子どものことを心配している状況が読み取れます。

未婚率増加・正社員比率の低下が映し出す現実

これから、このような悩みは増え続けると予想されます。

もちろん「幼い子ども」に関する相談もありますが、それはむしろ少数派で、就職できない息子、結婚しない娘を心配する親の相談が圧倒的に増加しています。

つまり、本人ではなく、親が相談してくるのですが、その背景としては、「かつての標準的コースをたどることが難しい時代になった」ということが言えるでしょう。

ひと昔前、具体的には１９９０年以前は、30歳を過ぎれば、ほとんどの男性は正社員職に就いていて、定年退職まで敷かれたレールをたどっていけばよかった。女性は、正社員の男性と結婚し、専業主婦となったり、働きに出るにしても補助的な役割を担ったりしていればよかった。

でも、そうした標準的なコース、いわゆる確固たるレールというのが意味をなさなく

図4 年齢別未婚率の推移

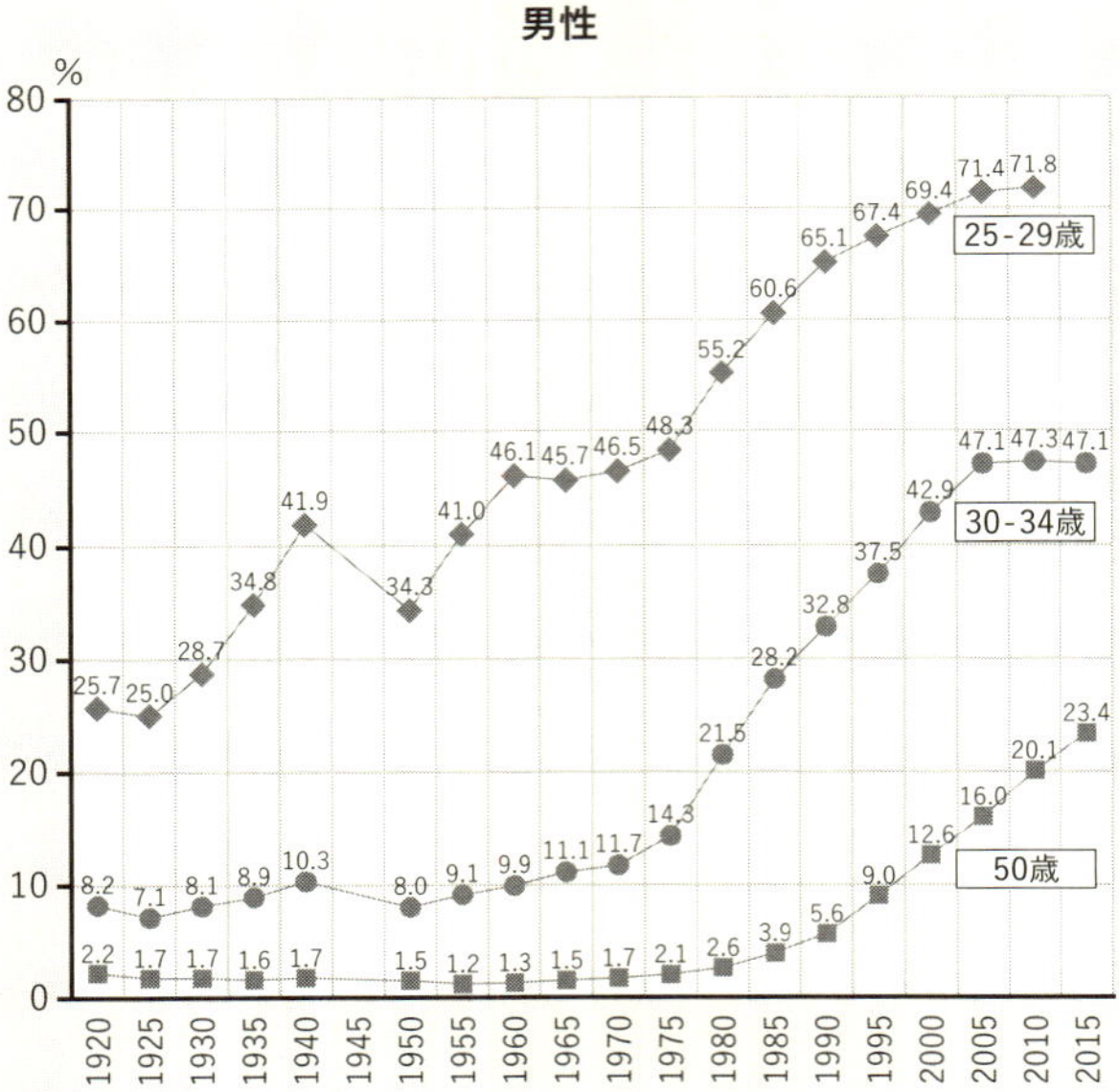

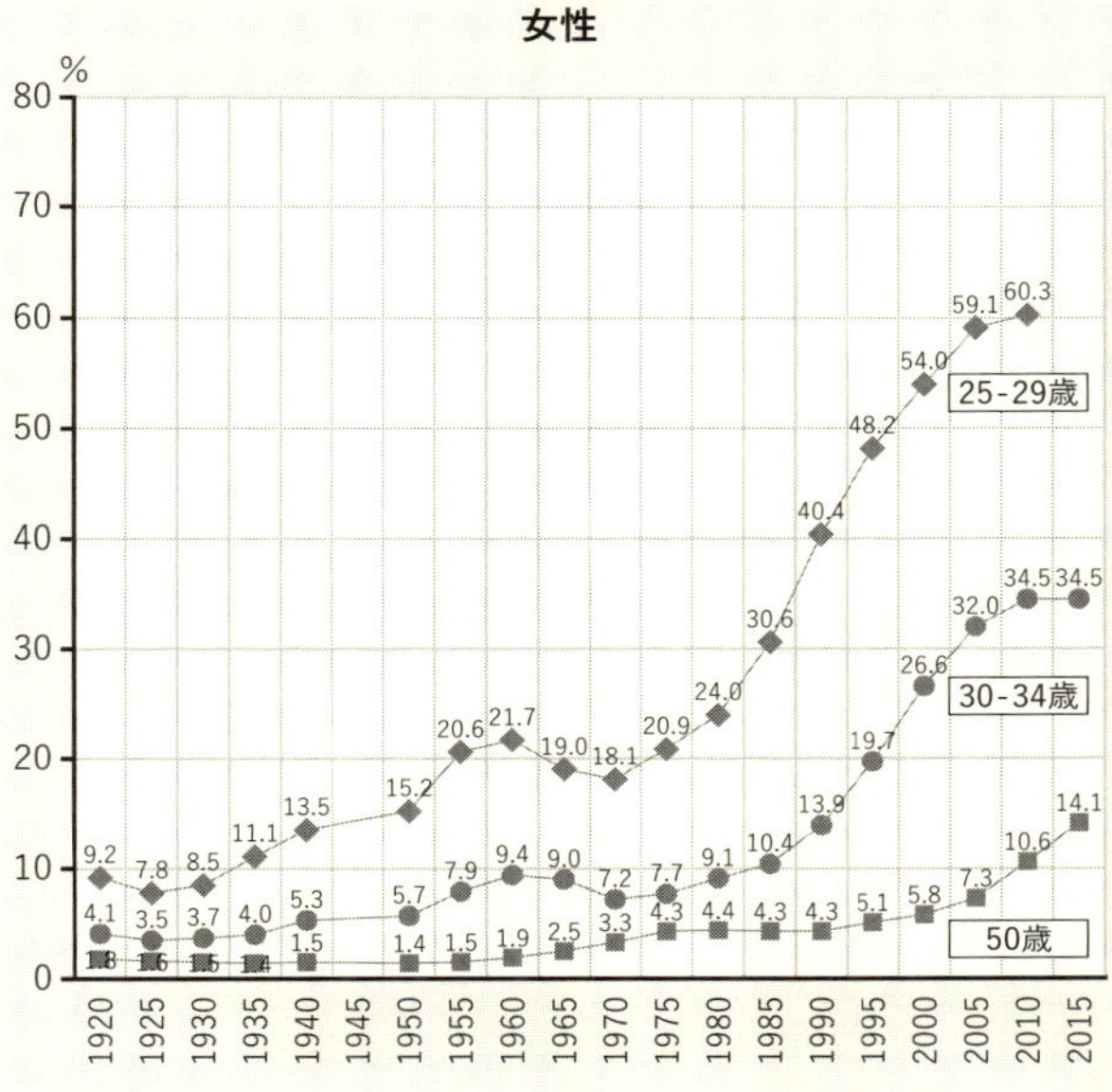

総務省「国勢調査」より著者作成

図5 若年男性の経済力低下

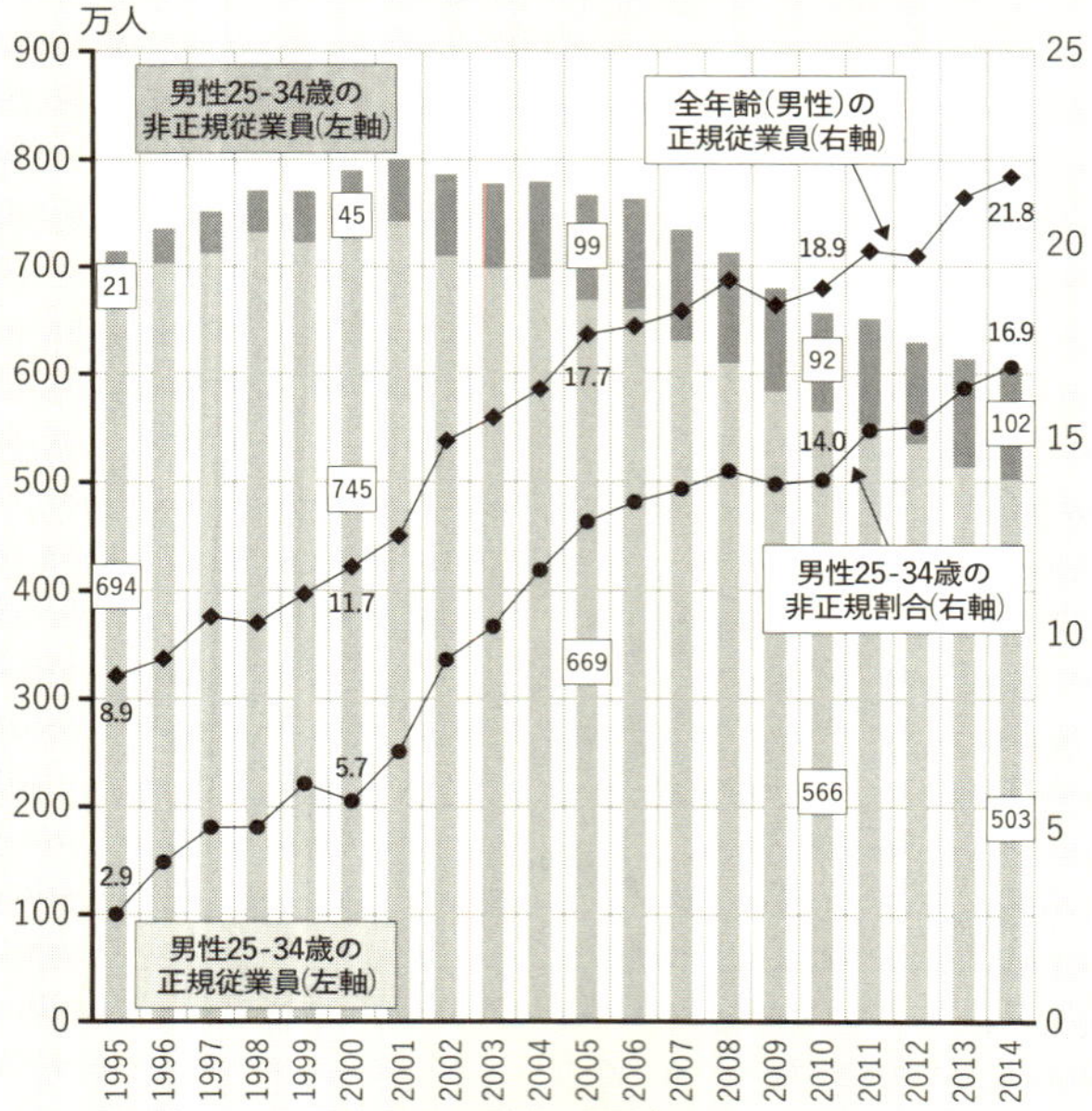

雇用者のうち正規・非正規雇用者数の推移(男性25〜34歳)

総務省統計局の資料より著者作成

なってきました。それは、未婚率の増加や正社員率の低下、あるいは大企業の倒産や事業縮小が珍しくなくなったことなどが要因となります。

30代、40代になっても、男性でも正社員になれない、あるいは結婚していない息子や娘が増えてきた。つまり、現在は、若者にとって就職や結婚に格差がある時代になってきたということです。

彼らの親の世代では、これらのことはレールにさえ乗っていれば、当然できていたことですから、「なぜ自分の息子や娘がそうなっているのか」と頭を抱えてしまいます。自分たちが生きてきた人生とのギャップに驚いてしまうということが起きるのです。

そうした世相を反映した相談が、次に紹介する2つということでしょう。

親の世代からしてみれば、大学院を出れば大学の教授になれるのは当然、大学を出れば警察官試験に合格するのは当然のように感じます。

しかしながら、現実は違う。高学歴ワーキングプアは、あたりまえのように存在しているのが現代です。

相談⑬　30代息子　教授になれるか（2008年5月17日）

◎内容

60歳代女性。30歳代の息子のことで相談です。

息子は高校に入ってすぐに志望大学を目指して勉強を始め合格しました。博士課程を修了し、助手などを経て非常勤講師。現在も同じ大学に在籍しています。

十数年間毎月仕送りをしてきました。息子はその仕送りと、少しばかりの自分の収入で暮らしております。今まで本人は本格的なアルバイトはしてきませんでした。学業の方がおろそかになると困るので、私も無理にバイトを勧めるようなことはしていません。

息子は教授になりたいようです。しかし、光がいっこうに見えてこないのです。私ども親も年老いていくので、これから先が心配。大学の方に、息子のことを聞いてみたいと思いますが、どうでしょうか。講師や准教授になるのにはどんな基準があるのですか。息子は論文は提出しているようです。

（宮城・S子）

◎回答

親にとっては子どもはいくつになっても子ども。大事な息子さんの将来に気をもむ親心は理解できます。

お知りになりたいことは「大学の先生にどうしたらなれるのか?」だと思います。残念ながら、これに明確にお答えすることはできません。

なぜなら、この職業には優秀な人がまじめに勉強すれば必ずなれるという保証はないのです。

大学教員になるには、息子さんのように大学院の博士課程に進学し、論文を発表することは必要条件ですが、十分条件ではありません。博士号取得者は毎年1万5000人以上いますが、常勤の大学教員になれるのはその半分もいません。研究分野によって差はありますが、これをしたら絶対に大学の先生になれるという決まりはありません。企業において役員になる基準がないのと同じです。

息子さんの夢が今後かなうかどうかは誰にも分かりません。息子さんも自分の好きな道に進んだからには、覚悟をもってもらう必要があります。お二人の老後の生活も心配でしょうから、仕送りの中止を含めて、息子さんと「お金」の問題について一度、話し合ったらいかがでしょう。

相談⑭　警察官の夢追う20代後半息子（2014年11月25日）

◎内容

20代後半の息子の就職のことが心配でなりません。

息子は、大学卒業とともに、以前からの夢であった警察官になるため、就職活動もせず1年間予備校に通い、採用試験を数回受けました。しかし、すべて不合格でした。

その後は、東京で一人暮らしを始め、仕事をしながら採用試験を受け続けています。相変わらず吉報は届きません。

親としては、いつまでも夢を追っていないで、一生勤められる他の仕事を探すべきだと再三言っているのですが、「これだけは譲れない」の一言です。

先々のことを考えると、きちんとした仕事に就いて安定した生活を送ってもらいたいと思います。しかし、なかなか耳を貸そうとしません。

私の姉からは「いいかげん、子離れしろ」と言われます。しかし、いずれ親はいなくなります。その時のことを考えると、そろそろ、しっかり自活していける仕事を探してほしいのです。

息子に、どのようなことを言えばよいのかと悩んでおります。よきアドバイスをお願いします。

（茨城・Ｆ子）

◎回答

お母さまとしては確かに心配ですね。ただ、息子さんが夢を追っているといっても、ロックスターになるといった夢と違って、現実的な目標ですね。それに、親元を離れて自活しながら受験を続けています。市民の安全を守る仕事に就きたいという息子さんの情熱を誇りに思ってよいのではないでしょうか。

ただ、なかなか合格しないのは、面接まで行きもう一歩の所で落ちているのか、それとも、試験成績や体力・健康など何かの点で基準に達していないのかは、注意してみる必要もありますね。

もし後者であれば、「正義感や真面目さをいかせる仕事は他にもあるのではないか、少し職業の幅を広げて考えてみては」と言ってみてもいいでしょう。

頑張り屋の息子さんとお見受けします。受験制限年齢を超え希望の仕事に就けなかったとしても、定職に就く事は可能と思います。もう少し、息子さんの挑戦を見守ってあげたらいかがでしょう。

高学歴ワーキングプアへの道

親として、この相談者のように心配になる気持ちはわかります。大学、その上の大学院まで行かせてやって、その結果、高学歴という武器を手に入れたのだから、良い就職ができて然るべきだ、という気持ちもわかります。

しかし、そうはならなかった。学歴が高くない子どもだったら、就職できなくてもあきらめがつくかもしれないですが、そうではない。だから、親としては、二重のショックを受けて、打ちひしがれているわけです。とても気の毒に感じる一方で、愕然としている姿が目に浮かびます。

実際、20～30年前であれば、大学院を出れば大学教員になるのは難しいことではなかったし、大学を出て警察官試験に合格するのは、比較的簡単でした。簡単というと語弊があるかもしれませんが、決して狭き門ではありませんでした。

私の大学院の院生時代、約30年前になりますが、周りの大学院仲間のほとんどが30歳ぐらいまでに正規の大学の職に就いていました。そして、当時は、むしろ大卒で警察官になりたい、という人はとても少なかったのです。

警察官試験や公務員試験を受けたら、それなりに楽勝だというムードがありました。今の若者たちの親が就職する頃と重なるのですが、世はまさにバブル期。大学さえ出ていれば、ある程度の職場に就職できましたし、「公務員や警察官になろうとすると、「なぜそんな給料が低い職業に就くの？　変わっているね」というふうに言われた時代でした。

当時の常識を引きずっている親からすれば、「これまで手塩にかけて育てて、学歴までつけたんだから、うちの息子（娘）は大丈夫のはずだ」と信じるのも当然でしょう。

しかしながら、事態をさらにややこしくしているのが、全員がうまくいかないわけではないということです。既述の「恋愛格差」のところでも言及しましたが、一部の人は、何の苦労をすることもなく、ハードルを乗り越えています。そのことで、それ以外の人が余計に冷静さを失っているという面は、大いにあると思います。


でも、きちんと冷静になって数字を見ることで、考えは少し変わってくるはずです。

たとえば、相談⑬のほうの回答でも書きましたが、事実として、博士号の取得者は毎年1万5000人以上もいるのです。常勤の大学の教員になれるのは、すべてをひっくるめても、その半分しかいないにもかかわらず、です。親はそういう受難の時代になっている、ということに気づく必要があります。

そして、実は本人のほうは、そのことに気づいている——親以上にあせっているはずです。だから、親は本人を責めてはいけません。
親は、一緒にどう乗り越えるか（あるいは別の道を歩むのか）を冷静に話し合うことが必要なのだと思います。

パイプラインから漏れ出す、安定した雇用に就けない若者

現代では大学や高校が想定する職に就けない人が数多く発生しています。学歴や職種に関係なく、次のページの図６にあるような「パイプラインからの漏れ」が生じているのです。

繰り返しになりますが、今の若者の親世代が20代の頃は、学校さえ出ていれば安定した職に就けました。学校に入学させ、卒業を迎えて就職したら親の役割はおしまいでした。これは、大学に限りません。中卒でも高卒でも一緒です。学校を卒業すれば、学校が想定する職に就けました。男女とも、とりあえず正社員になれた時代でした。

図6 パイプラインの漏れ

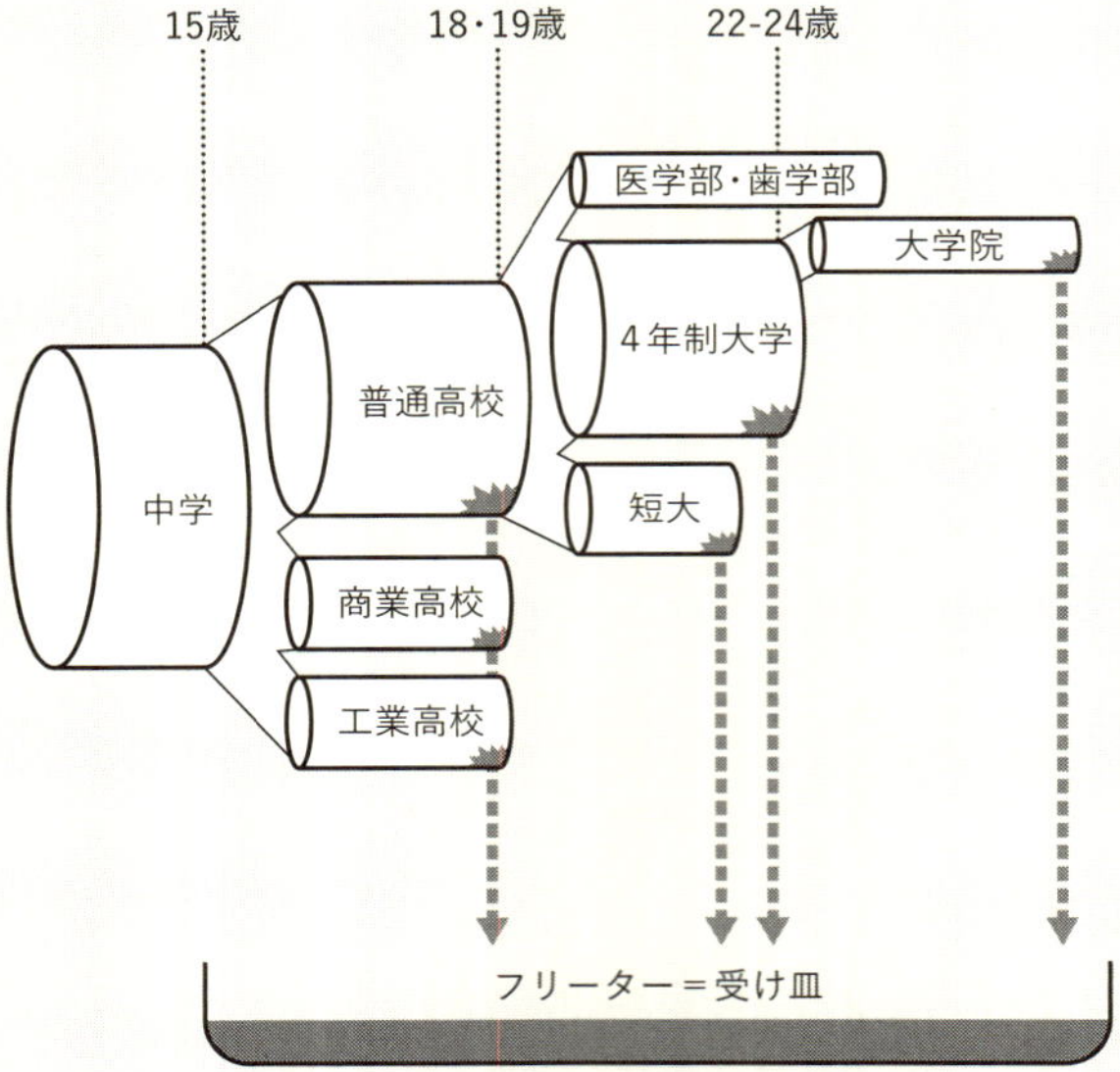

『希望格差社会』(山田昌弘／ちくま文庫)より転載

しかし、現代は違います。「パイプラインの漏れ」という形で書きましたが、学歴や職種にかかわらず生じています。

もちろん確率的には、学歴が高ければ正社員になる確率は高いでしょう。しかし、前述の通り、大学院卒など、あまりに高学歴になっても、むしろ正社員になりにくくなってしまう現実もあります。

いったん就職しても、安心できないのが今の社会でもあります。一流企業といわれる大企業でも簡単に経営が傾き、リストラが横行する例を我々は数多く知っています。また、過剰労働や激烈な労働環境により心身を病んでしまい、正社員街道から脱落するケースもあとをたちません。

やはり、日本の雇用慣行の歪みが出てきていると考えざるを得ません。正社員になっても、そこからこぼれてしまったとなれば、なかなか再就職できないのが現代社会で、そういった我が子に関する相談も、多く寄せられています。

それが次に紹介する3つの相談です。

相談⑮ 就職がうまくいかない息子（2008年1月31日）

◎内容

40歳代の主婦。就職がうまくいかない20歳代の息子のことで相談します。

高校卒業後、2年間コンピューターの専門学校に通って、首都圏の会社に就職しました。ところが3か月で戻ってきました。自主退社という形ですが、事実上の解雇のようです。

地元で就職活動を続けているのですが、うまくいきません。口べたなためか、正社員はもちろん、派遣やアルバイトでもなかなか採用されません。今まで40社以上は受けていると思います。

この3年間では、派遣社員として工場で半年働いただけ。その派遣会社も、その次は紹介してくれませんでした。いったん採用が決まった会社にも後から断られ、本人は人間不信になっているようです。体重が100キログラムを超す肥満体なのが影響しているのでしょうか。この先、どうしていいかわかりません。助言をお願いします。

（栃木・Ｎ美）

◎回答

専門学校を出て、正社員として一度は就職されているのですから、仕事能力に問題があるとは思えません。外見に原因があるというのも疑問です。太っていることは、必ずしもマイナス要因ではなく、営業などでは貫録があるようにも見られるし、安心感を持たれることも多いと思います。例えば、コミュニケーション能力が不足している、根気がないなど、仕事が続かない原因が他にあるのではないでしょうか？

親と同居しているので、まだ、甘えている部分が多いのではと推察されます。この先、ご両親がいつまでもサポートできるわけではないということを自覚させてあげてください。そのためにも、まず、家事をやらせましょう。仮に、外見に問題があるなら、怠惰な印象を与えているのかもしれません。家にいてもぶらぶらさせず、ダイエットを兼ねて掃除、洗濯をやらせ、てきぱき動くように指導して下さい。体を動かすことになれたら、アルバイトでも徐々に始めさせて、早く自立するようにサポートしてあげてください。

相談⑯ 自慢の娘 さえない生活（2015年2月23日）

◎内容

50代のパート女性。自慢だったはずの娘がパッとしない生活を送っていることに、納得がいきません。

娘は20代です。幼い頃から容姿に優れ学業も優秀でした。有名大学を卒業して大企業に就職しました。

ところが、3年ほど前に会社を辞め、今はアルバイト生活。自分の国民年金保険料も支払えません。趣味のエクササイズをして明るく過ごしていますが、親としては複雑です。

娘の就職が決まった時は、亡き夫の病状が良くなかっただけに、肩の荷がおりた気がしていました。

　当時交際していた男性も容姿・学歴とも申し分なく、将来を期待していましたが、いつの間にか別れたようです。

　今の状況にあまり口を出さないようにしていますが、何のために大事に育ててきたのかとむなしくなります。本人にバイト生活を脱する気持ちはあるようです。娘にどう接していけばよいでしょうか。


（福岡・U子）

◎回答

「子どもは親の自慢の種になるために生まれてきたのではない」と頭では分かっていても、子どもにはついつい期待してしまうものですね。ましてや、現実に自慢の娘だったものが、一転して保険料も自分で納付できない状態になってしまった。それが信じられないのですね。

　でも、よく考えてみてください。どのような事情があったのか分かりませんが、勤務していた大企業を辞め、交際していた彼と別れて、一番ショックだったのは娘さん本人です。親を心配させまいと明るく振舞っているのではないですか。お金をかけてもらったのに申し訳ないと思っているのは娘さんの方ではないですか。

今、娘さんは、長い人生の中で休息する時期にあると思ってください。才能がある娘さんであれば、周りの人たちは放っておきません。早晩、彼女にふさわしい仕事や彼氏が見つかるでしょう。

母親であるあなたは、どんなことが起きても娘の幸せを願っていることを伝え、仕事や恋愛に復帰する時期が来るまで、温かく見守るのがよいのでは。

相談⑰　失業の30代息子　職探し2年（2011年3月10日）

◎内容

60代主婦。相談したいのは、30代前半の長男についてです。

長男は自動車関係の会社に勤めていましたが、そこが2年前に倒産しました。それからずっと職探しをしていますが、試験を何十社受けても、アルバイトすら見つかりません。

面接でどのように答えているのかわかりませんが、「もっと積極的に」と私がアドバイスしても、長男は「相手が合否を決めることだから」と言うばかりです。長男は内気で、頭もあまり良くなく、そのうえ不器用です。選べるほど仕事がないことも確かですが、自分自身、どんな仕事をしたらよいかもわからないようです。私がずっと過保護に育ててきたため、長男は言われないと何もしない性格になった気がします。もっと色々させておけばよかったと後悔しています。よその子はてきぱきしていて、うらやましい限りです。

最近の長男は引きこもってばかり。この先ずっと仕事がないままで、親が年金で面倒を見ていくかと思うと、ぞっとします

（東京・T子）

◎回答

今は、大学の新卒でも正社員としての就職が難しい時代です。息子さんは、正社員として長く勤めてきたのですから仕事能力がないとは思えません。

ただ、今は、就職時にコミュニケーション能力を求められ、黙々とまじめに努力

する人に不利なのが現実です。また、親と同居して生活に困らないというので、政府も対策に乗り出してくれません。

だから、あなたの育て方や息子さんが悪いわけではないのです。といって今の状況や政府の無策を嘆いても状況がよくなるものではありませんし、親もいつまでも支えられるわけではありません。

まず、アルバイトでもよいですから、再就職の第一歩と思って仕事につくことを勧めてください。その中で、正社員職が見つかるかもしれません。

また、求人に応募するだけでなく、親戚や知り合いにあっせんを頼みましょう。とにかく、プレッシャーにならないようにほめながら息子さんを励まし続けることが肝要だと思います。

日本的雇用慣行のゆがみ

これらは、「自主退社」という形で辞めてしまった20代男性、「容姿に優れ学業も優秀でした」というアルバイト生活を送る20代の女性、勤めていた会社が倒産してしまい、再就職先が見つからない30代男性の親たちからの相談でした。

いずれも、学校を出た後、一度は就職しています。しかし、さまざまな理由から会社を辞めた、あるいは辞めざるを得なかったわけです。

こういったときも先ほどと同じように、親世代が若い頃、つまりバブル期あたりだったら、辞めても別の就職先がすぐ見つかったものです。でも、今は一度そこからこぼれてしまうと、なかなか正社員としての再就職は難しくなってしまっているのです。

これは、よく言われているように、日本にはまだ新卒一括採用や終身雇用という慣習が残っていることが主な原因です。こういった慣習が残っている以上、レールに乗り続けられる人にとってはよいのですが、レールから外れた人にとっては非常に生きづらい、過酷な社会だといえます。

もしも転職や再就職が、新卒者よりも不利でないのならば、ここまで大きな問題にはなっていません。

「はじめに」で紹介した「相談② 不得意な仕事 続けるべきか」では、不得意な仕事は続けるべきかという悩みがありました。これも、新卒一括採用という慣習がなくなり、転職や再就職のハードルが下がれば、解決される問題ではないかと思うわけです。「就職してみたけど、自分には合わないことがわかったから、別の仕事にチャレンジしたい」というのは、当然あり得ることですからね。

日本的な特徴2点が浮き彫りになっている

私の著作、『パラサイト・シングルの時代』（ちくま新書）『希望格差社会』（ちくま文庫）

『「婚活」時代』（ディスカヴァー携書）でも指摘してきたのですが、相談に回答する中で２つの日本的な特徴が明らかになってきたのだと感じます。

１つ目は、親世代と子ども世代の経済・就職状況がかけ離れていること。

繰り返しとなりますが、親の世代では簡単にできていた就職や結婚が、容易にはできなくなってきました。経済構造の変化が１９９０年代に起こり、それ以前とそれ以降では、若者にとっての経済・就職状況というのは、まったく常識が変わってしまった。親はそのことを頭ではわかっていても、自分の子どもに当てはめると、冷静さを欠いてしまい、気持ち的になかなか受け入れられないということです。

２つ目が、非常に日本的な特徴ですが、パラサイト・シングル、つまり親と同居していて、かつ未婚という人が増えていることです。

基本的に、日本は、結婚していなかったり、正社員として就職していなかったりといった若者は、親と同居せざるを得ないという社会状況があります。別居していたとしても、相談⑬にあるように、援助し続けている人が多いのが現状です。

欧米のように、子どもがまったく独立していたら「勝手にやれ」でいいのでしょう。でも、日本では、親と子どもとの距離感が非常に近く、経済的にもつながっているので、子どもの苦しみが親にダイレクトに伝わるという背景が存在します。

子ども側としては、親に相談したくても何を相談していいかわからない。だから、相談してくるのは親のほうになる。これは、とても日本的な特徴です。

ここで意外に感じる人も多いと思われるデータをお見せしたいと思います。次のページの図7をごらん下さい。

実は、今の日本の若者というのは、あらゆる世代の中で、「生活満足度」がいちばん高いのです。

これはどういうことかというと、「さとり世代」と言われたりする若者世代は、こんなものだろうと多くを求めない、あるいは環境に順応できるという側面もあるとは思いますが、それ以上に重要なことがあります。

それは「結局、日本は扶養する家族を抱えると、生活の満足度が下がる」ということ

図7 生活満足度が高い若者

	18-29	30代	40代	50代	60代	70代以上
女性	**84.8%**	75.2%	70.4%	67.5%	70.4%	69.6%
男性	**82.7%**	70.7%	63.9%	64.7%	68.1%	69.2%

生活に満足している人の割合

内閣府国民生活に関する世論調査より（2016年8月）

です。

40代男性がもっとも満足度が低くなっているのですが、これは収入が多い少ないではなくて、妻子を養わなくてはいけないし、しかも年金暮らしに入った親も養わなくてはならない可能性が出てきている。だから、不満や不安を抱えているということです。

結婚する前や子どもを持つ前の若者というのは、ある意味では、いちばん気楽だと言えるわけです。必然的に満足度が高いし、相談も少ない。

構図としては、とても皮肉で逆説的ですが、生活満足度が低い親が、生活満足度が高い未婚の若者の心配をしているということになります。

もちろん、そうした状況は長くは続きません。

私がたびたびメディアで発信してきたことでもありますが、パラサイト・シングルが高齢化して、中高年パラサイト・シングルとなり、桂文珍さんの落語の世界になってしまったということです。

端的に言えば、親と同居の未婚者である子どもの将来を案じている人の年齢が、徐々に高くなってきているのです。

相談⑫では、仕事を辞めた60代の息子を心配していますが、まだそこまで問題は深くありません。息子さんは結婚しているし、子どももいるのです。

しかし、この後に載せる相談⑱では、働かない未婚の40代の息子について、70代の母親が相談してきています。これは根が深い問題だと言えます。これからますます増えると予測できるからです。

相談⑱　働かない40代息子（2013年6月27日）

◎内容

70代女性。夫は子どもたちが幼い時に他界し、娘は独立。今は40代の息子と2人暮らしです。息子が仕事をしようとしません。

息子は大学卒業後に就職しましたが、1年でやめました。次の1年はアルバイトをしたり、職業安定所に行ったりしたようです。その後、職に就かないまま15年ほどたちます。

求人情報を探す様子もなく、今は昼夜逆転の生活です。部屋の中も外にも漫画本やCDが積み重なり、足の踏み場もないほど。お金は祖父が残してくれたわずかなものを使っていて、そのうち底をつくと思います。台所や風呂場などはきちょうめんに掃除しています。

私が昨年体調を崩した時は、介護してくれました。こまめに面倒を見てくれて助かりましたが、つまらないことでぶつかってから口をきかなくなりました。

食事も外で食べるようになったので、「家でご飯食べたら」と言うと、「友達がいなくて寂しいから、そんな事を言うんだろう」と言われました。聞く耳を持たない息子をどうしたらよいのか悩んでいます。

（埼玉・K子）

◎回答

息子さんの15年の引きこもり生活につきあわれたのですね。お疲れさまです。

しかし、息子さんの状態はあなたにとっても、都合がよかったのでは。話したり、けんかできたりする相手です。病気になれば看病してくれるやさしい息子さんですね。

頭では、自立をしてほしいと思っても、無意識的に、息子さんとの生活をこれからも続けたいと思っている所はありませんか。息子さんは、それに気づいていると思いますよ。

しかし、それは、息子さんの将来を確実に損ないます。はっきり言って、この状態を解消するには、息子さんを追い出すか、あなたが家を出るしかありません。相談や説得といった方法で改善できるなど期待しないでください。期限を切って、多少のお金を渡して、一人暮らしを命じてください。もしくは、あなたが娘さんのそばに引っ越してしまうという手もあります。

息子さんはまだ若いし、能力もあります。生活がかかっていれば働きにも出るでしょう。息子さんのためにも、心を鬼にして子離れすることをおすすめします。

高齢化するパラサイト・シングルの解決策は恋愛か⁉

２０１４年の時点で、「中高年・親同居・未婚者」という人は、３０４万人もいます。今後、「私が亡くなった後、残された60〜70歳の独り身の子どもが心配です」という親御さんが増えるのは、目に見えているということです。

しかも、経済の先行きが明るくないため、そこに貧困化も絡んできます。これはダブルで厳しい状況です。

独身のままの同居の子どもが高齢化し、自分のお金も尽きてしまうのではないかという不安を抱えながら親が年老いていくというのは、拙著『家族難民』でも書いたことですが、非常に大きなストレスとなります。

拙著『パラサイト・シングルの時代』など啓蒙書ではさまざまなことを書きましたが、やはり新聞相談だと、どうしても現実的なアドバイスとなります。ですから、「就職活動をしてみましょう」「自立を支援しているＮＰＯに相談に行くといいですよ」というようなことを言うほかないのです。

しかしながら現実社会においては、中高年で未婚で収入がない人は、ますます正社員になりにくくなっています。したがって、「せめてアルバイトからでも始めるように」というアドバイスしかできないのですが、社会学者としては、「制度というものが、現実の社会に対応していないことが問題だ」と考えています。

ただ、先に書いた通り、制度が変わるのを待っているうちに当事者は年をとってしまうため、新聞の人生相談では、現行の制度を前提として実践的なアドバイスをしなくてはいけないのです。

また、私は東京都の社会福祉審議会の委員を務めています。都議会議員や福祉社会学の研究者が参加するこの審議会で、私が今後の社会福祉の問題として、「親と同居している未婚者は、将来的に家族がいなくなり、独りになってしまう」という話をしたところ大きな賛同を得られました。誰しも他人事ではなくなってきており、家族・親戚にパラサイト・シングルが発生しているのです。

パラサイト・シングルの高齢化は、ここ20〜30年の間に必ずや急速に進む問題で、一般の関心も高まっているということでしょう。早く制度を変えることが急務なのです。

その対策の一つとして、「就職支援」に加え、「恋愛推進」もあげたいと思います。突飛なように思われるかもしれませんが、先に述べたように他者とコミュニケーションをとり、人から大切に思われる経験は生きがいを感じられる機会となります。

正社員になることは無理でも、恋愛することは可能かもしれない。主体的に生きる意欲につながるのならば、その人にとっては必ずプラスになります。

もちろん失恋もあることを忘れてはなりませんが、恋愛のおかげで外に出られるようになり、その結果として、アルバイトでもがんばってみようと思うようになればいいということです。

なお、私自身、NPO法人で中高年向けの婚活サポートを行っています（全国地域結婚支援センター）。こういった活動が実を結んでいけば、パラサイト・シングルの問題は、徐々に良い方向に進んでいくのではないかと思っています。

いずれにせよ、親と同居して家に引きこもっている人には、どんな形であっても外に出るきっかけが必要です。

したがって、外部との関わりを増やすような対策を、あらゆる方向から進めるべきですし、私としてもサポート体制づくりに社会学者として尽力していきたいと思います。

第5章

夢を見ていられない若者たち

若者はなぜリスクを過剰に回避するのか？

近年、10代の中高生を中心とした相談が増えています。10代の若者が新聞というい わば旧態依然としたメディアに相談してくるのは意外なことのように感じられます。増加の要因は、ネット社会やSNS社会になったことで、友人に相談すると、すぐにみんなに広まってしまうことが考えられます。もちろん理由はそれだけではありませんが、匿名性が担保できる相談先が限られてきていることは確かで、その一つが新聞の投書ということでしょう。

さて、肝心の相談内容ですが、実に、今の中高生が抱えている悩みの傾向が見えてきて、興味深いものがあります。

先に結論からいうと、その傾向とは2つです。

「早く進路を決めなければ不利という認識が広まっている」ことと、「親から安定した職業に就けというプレッシャーが高まっている」ことです。

この二点を意識して、次の2つの相談を読んでみてください。

相談⑲　夢は考古学者　本心言えず（2015年10月16日）

◎内容

高校1年生の女子。考古学者になりたいという夢をあきらめられません。

私は小学生の頃に日本史に興味を持ち、中学時代には埋蔵文化財センターへ職業体験に行ったりしました。中学2年の時、担任に考古学者になりたいと言うと「その職業で食べていくのは難しい」と言われました。

自分の将来の展望が崩れてしまいました。確かに、安定した職業がいいのは事実ですから、高校の担任には「公務員になりたい」と言っています。先生も親も賛成してくれています。

ですが、実は本心を言えないだけなのです。考古学者になりたいという夢を捨てきれずにいます。

国立大学に進みたいと思っていますが、志望校や学科を決めるためにも、早く決断しないといけません。

職業選択は安定を求めるべきでしょうか。それとも自分の夢を大事にすべきでしょうか。

（富山・S子）

◎回答
親や先生を安心させるために、公務員志望と言い続ける。あなたは優しい人ですね。

確かに考古学者の数は少ないです。けれど、あなたも体験学習で接したように、埋蔵物の発掘、整理を仕事にしている人は結構いて、多くは公務員です。歴史の先生をしながら、空いた時間を研究や発掘に費やすセミプロの人もいます。アマチュアながら郷土史家として活躍している人もいます。

そう考えると、公務員試験受験に少しでも有利という理由で学部、学科を選ぶよりも、考古学が学べる大学を選んでほしいと思います。安定した職のために好きでもないことを大学で勉強するより、はるかに充実した大学生活を送れるでしょう。研究者、専門職員になる道は確かに細いですけど、チャレンジする価値はあります。たとえ仕事にできなくても、自分の興味関心があることを一生懸命学習したという経験は、人生のいろいろな所で役に立ちます。考古学を学ぶ中で中国語を身につけ、結果的に海外で活躍している女性もいます。

親や先生には、将来的には公務員や教員も考えているけど、大学では好きなことを学びたいと言えばいいのでは。

相談⑳　中3　理系転向は可能か（2015年8月16日）

◎**内容**

中学3年生の男子。進路選択で悩んでいます。

私は小学5年生までアメリカで過ごし、受験や進学などのことは深く考えてきませんでした。

中学3年生になると、周りでも「自分は○○大学へ行きたい」などと話す人が出てくるようになりました。それで、自分も考えるようになりました。

自分が進みたいと思う道はもちろんあります。それは理系分野です。しかし、今の自分はどちらかというと文系なのです。最近、苦手な科目にも手を付けるようにしていますが、うまく行くか分かりません。最終的な進路は、何を基準に決めるべきなのでしょうか。

今のままでは厳しいのは十分承知していますが、中学3年生の今からでも、本気で取り組めば、文系から理系に転向することは可能なのでしょうか？（東京・D男）

◎回答

私も、今でこそ社会学者として現実社会を分析する仕事をしていますが、中高生時代は、数学や物理学が得意で、将来理系に進むつもりでした。英語や国語、特に作文は大の苦手で、私が文章を書いて生活しているとは、当時の国語の先生は想像だにできなかったでしょう。

まだ、中学3年生です。文系、理系と決めてしまって、好きなことをあきらめるのは早すぎるのではないでしょうか。

早くから得意科目に集中して、受験に必要ない科目は捨てる。大学受験のためには、それが普通になっているかもしれません。しかし、現実は、文理融合の時代に進んでいます。大学で専門を学ぶ時も、実社会に出た時も、数量の処理能力、数学的思考法から人文系教養・知識まで、どの専門に進んでも身につけておいた方がよいものです。

今進みたい道があるならば、そちらを目指して勉強してみたらどうでしょう。得意、不得意は、何かのきっかけで変わるものです。将来の進路希望も変わるかもしれません。

大学合格はゴールではありません。受験での多少の有利、不利にこだわるあまり、自分がやりたいことを見失わないようにしてくださいね。

将来を早く決めなければ不利という強迫観念

いかがでしょうか？　考古学者になりたい夢を親に言えないのは高校1年生、理系転向で悩んでいるのは中学3年生です。この若さで将来の夢をあきらめようとしている点に驚きを禁じ得ません。

⑲の相談者は中学2年のときに、「考古学者になりたい」と言ったら、担任の先生からあっさり「それは難しい」と言われたそうですが、同情してしまいます。

こういった先生が存在することも一つの原因だと思いますが、どうも今の中高生の間では、「早く進路を決めなければ不利」という認識が広がっているようです。

テレビや雑誌が、若くして世界で活躍している人に焦点をあてすぎということもあるかもしれません。スポーツでいえば、錦織圭選手が中学生のうちにテニス留学していたり、最近では卓球の英才教育を受けてきた平野美宇選手が17歳でアジアナンバーワンに輝いたり、サッカーだと11歳でスペインに渡り、16歳の現在はＪリーグでプレーする久保建英選手などがいます。スポーツに限らず、将棋では15歳の藤井聡太四段が大活躍しています。彼らのような姿をテレビで見ているうちに、「早く進路を決めたほうが有利」と考えてしまうのかもしれません。

大学付属の私立中学の人気が上がっていますが、これも早いうちに一定以上の学歴を確保したいから、と言われています。

大学でもそうです。今は、多くの大学で、大学1年生のときから就職指導をしています。

このように、1年生から就職に関するキャリアプランを決めるようアドバイスされたり、早ければ高校生のときからもうキャリアを決めるよう指導していたりするわけです。

とにかく早く決めて、それに向けて準備をしなさいという教育がなされているのが現状です。私自身、大学で教えており、大変忸怩たる思いがありますが、そんなわけで今の若い人の間では、「早く決めなければ不利」という認識が広まっているのです。

人生においてもムダを嫌うコスパ史上主義の蔓延

この現象を少し違う角度から見てみると、「無駄を嫌うようになっている」とも言えます。

たとえば「宇宙飛行士」という夢がある高校生がいたとしましょう。宇宙飛行士という職業があるわけではないのですが、そこはひとまず置いておきます。

宇宙飛行士になるためには、理科系の大学や医学系の大学に進む人が多いので、私なら「まずは、そういった大学に進学してチャンスを待ちなさい」と言えばいいと思うわけです。しかし、そう言ったとしても、今の若い人はなかなか納得しないでしょう。「早く決めなければ不利」ということが刷り込まれているので、そうした選択肢には、無駄が多いのではないかと思ってしまうからです。

先ほどの考古学者にしても、学校の教員をしながら考古学者でもあるというような人も大勢いますし、回答に書いたように、考古学者を目指す過程で中国語を身につけ、その結果、中国語を活かして香港の会社で活躍している女性もいます。

「無駄はやめよう、最短距離を進もう」と指導するのではなく、そういう可能性を伝えながら、うまく誘導してあげることが重要です。その結果、今の若い人も、無駄だと思っていたことが、実は無駄ではなくて、いつか活きてくるものだというふうに感じてくれるのではないでしょうか。

また、とにかく親からのプレッシャーも大きいのが現状です。私が教鞭を執る大学でも、「公務員になってほしい」と親から言われ続けている学生は多く見受けられます。

安心したいという気持ちはわかりますが、やはりそれは親の勝手な都合であり、願望にすぎないのです。それを子どもに押し付けることによって、子どもの希望をつぶすことにもなりかねません。

もちろん、すべての人がやりたい仕事、希望の仕事に就けるわけではないでしょう。それは論理として正しい。多くの人は、志半ばで夢をあきらめながら、別の道に希望を見出していくわけです。ですが、やはり社会に出る直前の大学生ならばまだしも、中学生や高校生にその論理を押し付けるとなると、やはり首を傾げたくなります。

この論理でいけば、「安定」がのぞめると言われている公務員か一流企業の社員(今や完全に安泰ではありませんが)にしか希望がなくなってくるではないですか。

これでは日本社会の行く末が心配になるような状況です。多様な可能性をはぐくんだり、リスクがある道にチャレンジする若い人が少ない社会に未来はありません。

それゆえ、なるべくエールを送るような回答をしています。

夢は何歳まで追い続けていいか

先ほどの2つの相談は中高生からのものでしたが、次の2つは大学生からのものです。

相談㉑　リポーターの夢　あきらめるべきか（2011年9月10日）

◎内容

大学1年の女性。この春、別の大学に入り直しました。今の大学では、観光学など学びたかったことが勉強でき、楽しいです。でも、将来を考えると不安です。私はあるテレビ番組をきっかけに海外に興味を持ち、その番組のリポーターになりたいと思っています。でも、友人の多くは薬剤師や教師を目指しており、友人に比べて、私の夢は地に足が着いていないと感じます。

大学4年の姉は数社から内定を得たものの、希望の会社ではなかったようで、今も就職活動中です。私よりしっかりしている姉でも苦労しているのに、私なんかが希望の仕事に就けるのか心配です。母からは以前、「自分のやりたいことをやっている人なんてほとんどいない」と言われ、その言葉は重く残っています。

母や姉は今から私の就活を心配しています。夢をあきらめ、安定した職に就ける

よう大学生活を過ごすべきでしょうか。駄目な私にご助言ください。（東京・N美）

◎**回答**

充実した学生生活を送っているようでいいですね。学びたいことを学んでいる様子が伝わってきます。将来に関して、現実と理想の折り合いをどうつけるか、いつの時代でも若者の悩みです。

今の時代、学卒時に定職に就いていないと一生不安定になるのではというご家族の心配はわかります。ただ、やりたいことをやっている人はほとんどいないかもしれませんが、やりたいことを目指して努力している人はたくさんいます。

確かに、学卒後いきなりテレビ番組のリポーターになるのは難しいことです。だからといって夢をあきらめることはありません。観光やマスコミ関係の定職に就きながら、チャンスを待つという手もあります。まず、リポーターがどういう経歴をたどっているか調べてみたらいかがでしょうか。

また、旅行体験を文章にしてみたり、外国語をマスターしたりするなど、チャンスをものにするため今できることはいろいろあります。

大学1年生に夢か安定かどちらか選べという社会は間違っていると思います。安定のみを求める学生が多い中、あなたのような人を応援したくなります。

相談㉒　不採用の企業　あきらめられず（2015年9月10日）

◎内容

20代の女性。大学生で、就職活動中です。第1志望の企業に落ちましたが、あきらめきれずにいます。

その企業を志望したのは、日本で唯一無二の事業を行っていることが理由です。しかし大学にはその企業に関する情報がなく、企業研究に孤軍奮闘してきただけに本当に悔しいです。

中途採用は行っていないのですが、系列の嘱託社員なら募集があります。正社員への登用もあるらしいので挑戦したいです。

ただ、大学まで通わせてもらったのに、就職が嘱託社員では、両親がどんな顔をするか、目に見えています。正社員になれる保証だってありません。

でも、他の企業では私の夢はかなえられません。そこまで一つの企業にこだわり続ける私は、視野の狭い人間なのでしょうか。

まだ内定をもらったわけでもないのに、おこがましいですが、ご助言をお願いします。

（東京・K子）

◎回答

自分がやりたい仕事が見つかって、それに向かって努力しているなんてすばらしいですね。

第1志望の会社への不合格は残念でしたが、それであきらめられるぐらいの夢なら投稿しませんよね。まず、両親のことは脇においていいですよ。親も、子どもが本当にやりたいことを応援したいと思っているはずです。情熱をもって話せばきっと分かってくれます。

新卒一括採用、非正規社員差別という日本企業の慣行が、あなたのようなやる気がある若者を悩ませていることに憤りを感じます。ただ、嘆いても始まりませんね。

お手紙では、どの程度特殊な業界か分かりませんが、日本で唯一無二ということなら、外国では確立されている仕事なのでしょうか。それなら、当面は嘱託社員として勤め、正社員登用を目指す、語学能力をつけチャンスがあれば海外留学や外国での就職を試みる、というスタンスではいかがでしょう。

業種は違うと思いますが、私はそのようにして海外で活躍している日本人をたくさん調査してきました。その業界に関わる仕事をしながら、スキルを磨き、コネクションを作り、情報を集めていけば、道は開けてくると思います。

夢は何歳まで追い続けていいか、ということがよく話題になります。先ほど相談を紹介した中高生たちであれば、夢を追い続けていいと、私が背中を押しても、反論はないでしょう。

では、大学生ではどうでしょうか。この2人の相談者はそれぞれ大学1年生と、大学

4年生ですが、テレビのリポーターになりたいという夢と、第一希望の企業に勤めたいという希望を抱えています。

まず、テレビのリポーターになりたいという相談㉑ですが、やはり私は「リポーターという夢を目指すか、安定した職に就くために夢をあきらめろ」と二者択一を迫る社会自体が、間違っていると思うのです。

「友人に比べて、私の夢は地に足が着いてないと感じます」と綴る文面を見るたびに、複雑な思いを抱えてしまいます。将来、テレビリポーターになりたいという人がいても、何もおかしなことはなく、すばらしい志です。

もちろん親として心配だという気持ちもわかります。本当に就職しないで夢を追い続けたままだと、私が前章で取り上げた「中高年パラサイト」になってしまうのではないか、とリアルに想像してしまうでしょう。

しかし、だからといって、簡単にあきらめていいのでしょうか。我々大人世代は、やはりあきらめてはだめだと伝え続ける必要があるのではないでしょうか。

私は、さまざまな可能性があることを示唆していきたいと思っています。したがって、相談㉑のリポーターを目指している女性に対しては、「あきらめなくてもいい。だからといって違う道を閉ざすこともない。チャンスを待つという手もある」と伝えました。

固定化する労働市場から脱出して海外就職も視野に

相談㉒の第一希望の企業を目指す女性には、「海外就職」という可能性を伝えています。

もちろん今の日本社会に残っている新卒一括採用、終身雇用を憂慮していないわけではありません。この種の制度があるせいで、日本の若者の中に、夢を追って新しいことに挑戦する人が、だんだん少なくなってくるのではないかと心配しています。

ただ、制度批判したところで、相談者にとって何か得るものがあるわけではありません。そこで別の道として、転職・中途採用があたりまえという海外就職を勧めたということです。

相談㉓ 声優の夢 限界感じる（2012年1月23日）

◎内容

18歳、高校3年の男子。声優になるべくレッスンに通っていますが、限界を感じており、その道をあきらめてしまうか悩んでいます。

声優という職業に以前から関心があり、養成所を受けたところ合格。周りの人と相談し、母にわがままを言ってお金を出してもらい、入所しました。自分の夢で、初めて未来に動き出せました。

養成所に入れば将来が約束されるというわけではないとはわかっていました。でも、発声や滑舌がよくないと指摘され、先輩の実力を見せつけられたりして、つらさを感じるようになりました。声優の道に進むきっかけだったアニメやゲームも、今は楽しくありません。

自分の大好きなことを職業にするのは、実際には大変だと思い知らされました。今では、安定した普通の職業に就くのが望みです。その一方で、自分の夢や理想を求めることすらためらう自分が情けなく感じます。背中を押してくれた人たちにも顔向けできません。こんな形であきらめてしまっていいのでしょうか。

（埼玉・Ｊ男）

◎回答

私は高校生の時、数学者になるのが夢で、数学雑誌に解答を投稿したりしていました。結局、能力に限界を感じ進路を変更しました。50歳を越えた今になって、あの時の努力をなつかしく思い返し、数学の本を読んだり問題を解いたり、趣味として楽しむ時間をもてるようになりました。

人生、無駄なことは全くありません。あなたが声優を目指したいと思った気持ち、養成所に通って身につけた知識、技能、そして社会経験、それが直接、職業上の利益に結びつかなくても、必ず人生の役に立ちます。

好きなことでも、そうでなくても、仕事を真面目に行うことは「つらい」ことを伴います。そして、それを18歳にして理解しているあなたは、人生においてよいスタートを切っているのです。これから進学でしょうか。今後、仕事にしたい好きなことがでてくると思います。理想と現実のバランスをとりながら、自分の能力をいかす道を探っていくことを考えてください。あなたにはそれができる力があると思いますよ。

リスクがあることを知りながらアドバイスすることの難しさ

相談㉓の「声優の夢　限界感じる」が、もっとも象徴的かもしれませんが、今の若者は、非常に賢くて広い視野も持っています。しかしながら、正しいか正しくないかはいったん置いて、さまざまなメディアから情報が得られる時代ですから、挑戦する前からいろいろなリスクが先に見えてきてしまうわけです。

日本社会は、レールに乗っていたら安心だが一度レールから外れたら苦労するという事実を、大人が言わなくてもすでに若者たちは理解しているのです。

そう考えると、どんどん新しいことにチャレンジする人、夢を追いかけようとする若者は減ってくるのではないかと危惧しています。

チャレンジする若者が減るということは、大樹になる可能性のある芽が摘まれてしまうことを意味します。「新しいことにチャレンジする」というやりがいの芽を摘んでしまっているわけです。

『人生案内』の回答者としても、やはり苦悩するところです。アドバイスの仕方が非常に難しいと感じています。

繰り返しになりますが、今の若者たちは、「リスクがある」ということを知っているから悩んでいます。リスクがあるかどうかわからないという人に対しては、リスクを説明すればいいから、ある意味ではアドバイスしやすい。でも、そうではない。

今回の質問者でいえば、「声優になるべくレッスンに通っています」と言いながら、その後に「養成所に入れば将来が約束されるというわけではないとはわかっていました」と続いている。リスクがわかってしまっているから、盲目的に夢に突き進めないのです。

教育者として、そして『人生案内』の回答者として苦悩を抱えているのは、「リスクを取れ」といっても、それが確実に実になる、とは限らないことと、「夢をあきらめろ」とは言いたくないことの、2つに挟まれているからです。

やり直しがきくような社会であるならば、もうなりふり構わず、「夢をあきらめるな！」と言いたいですけれども、それなら就職がうまくいかなかった学生に対して、「心配しなくて大丈夫！　今から日本の雇用形態は変わっていくから、チャンスはいくらでもある」と言えるのでしょうか。

「本当に雇用慣行は変わるのですか、変わらなかったらどうするんですか？」学生からそう問いただされてしまうと、現状では新卒一括採用のレールに乗ることを勧めざるを得ません。結局責任を取れるわけではありませんから。

自分の選んだ生き方を正解にしていく

新聞のアドバイスでは安易に、「夢を追ったらいいですよ！」とは書けません。でも、「夢をあきらめなさい」とも言いたくない。どっちつかずのアドバイスになっていきます。「選択肢はいろいろあります。ただしリスクもありますけれども……」というような書き方です。

このことは、回答者としても悩ましいところなのですが、実はすべての教育者の苦悩にもなっていると感じています。

学生を見ていても、安心・安定志向が、この50年の間で確実に強まっていて、特に親からは、「大企業に勤めてほしい。公務員になってほしい」というプレッシャーが非常に強いわけです。

確かに、大企業や公務員なら、何かがあっても生活は安心である確率は高いです。「安定」という意味では間違いはないでしょう。ただ、やりがいや充実感を味わえるかまでは言い切れません。

私の教え子でも安定を求め、地方公務員になった学生がいました。想像以上に定型化した仕事ばかりで楽しくは感じられないようです。同じ職場の同僚や先輩方を見ても、出世を望んでいるわけでもなく、地域創生を目指しているわけでもなく、とにかく安定して一生を過ごせればいいという人が多いと言います。

そこでいっそのこと海外で就職を、と動き出したらしいのですが、それも本当に良いかどうかは言い切れません。それで海外に行って失敗する可能性も、当然あります。最後は、リスクを取ろうという人が、自分の選択は正解だったと思えるように、がんばるしかない。すると、今度は、そういう相談が増えてくるかもしれません。

近年は起業やベンチャー企業への就職などがメディアで取り上げられますが、大きな流れとはなっていません。何よりも、失敗した時、どうするかというモデルがないのです。

極端にやり直しがきかないこの状況をなんとかできないものかと、社会学者としても、１人の大人としても考え続けています。

PART② 現代的悩みの背景にあるもの

第6章

大きな転換点にある現代社会

引き裂かれる人生

現代社会は、2つの意味で大きな転換期を迎えています。それが、『人生案内』の相談内容の、そして、回答に大きな影響を与えています。簡単に考察してみましょう。

●現代社会特有の悩みの背景

1 日本型格差社会の進行 → 従来の制度や慣行、意識が格差社会に対応できない

2 価値観の多様化 → 日本的世間体意識との間に軋轢《あつれき》を生んでいる

1つは、日本的な「格差社会」の進展です。21世紀に入ってから、世界的に貧富の差が開く傾向が強まっています。日本も、その例外ではありません。

中でも、日本では、レールに乗っている人と、そうでない人の差が大きい社会です。

現代では、レールに乗りたくても乗れない人が増え、その結果、経済状況、社会状況、そして家族状況もいずれにおいても、底辺といわれるところにいる人たちが増えてきています。それにもかかわらず、日本の制度や慣行、意識のほうが、それに合わせて変化できていません。

つまり、昔とは異なり、いったんレールから外れたら元に戻ることが難しい状況が広がっているということです。そのような状況に陥ると、人生をきちんと組み立てられるような制度になっていないのが、現状です。

たとえば、家族をとってみましょう。いわゆるモデルといわれている家族をつくろうと思ってもつくれない時代になっているという点です。

従来のように、20代で結婚をして、子どもを持って、離婚もせずに、子どもがやがて独立して結婚して、孫が育っていくというような、典型的な人生を送ることができる人の割合は、どんどん減っています。

先日も、学生に次のような話をしました。

「国の機関の予測によると、この授業に出ている人の4人に1人が一生結婚できませんよ。さらに、結婚した3人のうち、1人は離婚します」

そう伝えると、「衝撃だ！」「ヤバすぎる」という反応がたくさんありました。しかし実際のところ、今の50歳の男性の未婚率は、もう25％に達していますから、現実に起きる可能性は高いわけです。

つまり、経済状況や社会状況が変わったため、すべての人が結婚して子どもを持って、男性は正社員になって、女性は正社員である夫に養われて専業主婦として暮らす、という状況ではないのです。

それにもかかわらず、制度や慣行、意識は変わらないままです。日本社会は、すべてがいわゆる「既存のモデル人生」を送る人に、もっとも都合よくできていると言われていますが、それは裏を返せば、モデルから一歩踏み外してしまった人々がどう生活していくかのモデルが存在しないということでもあります。

だからこそ、新聞の人生相談でも、モデルからこぼれた人たちからの相談が多くなり、今後も増えていくのだと予想されます。

モデルからこぼれ落ちたときのモデルを考える

今後は、モデルからこぼれる人のほうが多数派になると断言してもいいでしょう。ここで留意しなくてはならないのが、多数派ではあるものの、その「こぼれ方」が、非常に多様化しているという点です。

たとえば、「結婚」というイベントで、モデルからこぼれるとしても、４分の１の人はそもそも結婚ができない人生であるし、４分の１は結婚しても離婚する人生であるし、ある人は離婚した後に再婚する人生であったりする。そのあり方があまりにも多様なので、これに備えておけば大丈夫ということが言えないのです。

先ほども述べたように、一定のモデルに乗っかった人がいちばん楽なように、生きやすいように現在の日本社会はできています。ですから、制度・慣行・意識に代表されるモデルと多様な現実との間で、まさに引き裂かれる人生を歩む人が激増しているのです。

近年大きなトピックとなっている、保育園不足の問題でもそうです。日本の保育園は世界最高水準です。保育士の意識は高いし、費用も安い。だから、保育園に子どもを預けることができ、仕事時間がぴったり保育時間とあたっている人にとっては、最高といえるでしょう。

けれど、実際には入れることができなかったり、入れても遠かったり、仕事の時間が合わずに二重保育を強いられたりするケースが増えています。そうなったときにどうするかというモデルもなければ、行政サポートもないので、「保育園落ちた日本死ね!!!」と2016年に話題になった問題が浮かび上がってくるのです。

今政府は保育園の数を増やそうと躍起になっていますが、保育園を増やして保育園に入れない子どもを極力減らしていくことと同時に、保育園に入れなかった子の親に対する救済措置とともに、別のモデルを示すことが必要であるわけです。

たとえば、子どもが保育園に入れないということを理由に、仕事を辞めざるをえない人がいますが、制度的にも慣習的にも意識的にも、「辞める必要はない」という結論にならなくてはいけないのではないでしょうか。

でも、実際には、子どもが保育園に入れない人以外の人たちの当事者意識は希薄です。保育園に落ちた人は少数です。なので、これを社会全体の問題としてとらえず、表面的な解決で処理してしまうわけです。


仕事においても同様です。

以前はあたりまえでしたが、もはや誰もが正社員として就職できる社会ではなくなってきています。終身雇用という制度に乗っかり、大卒から定年退職まで同じ企業に勤め続けられるような社会ではないのです。

では、非正規社員でいる人はどういうふうに生活したらいいか。転職をする人たちはどういうふうにキャリアを築いていけばいいか。さらには、自分の子どもが非正規社員になったり、転職を繰り返していたりしたら、どう対応すればいいか。自分の娘が非正規社員の男性と結婚したいと言っている、あるいはすでに結婚した、というときに、いったいどうしたらいいのか。モデルはありません。

欧米だったら、そこで大きな問題にはなりません。そもそも社会の中に、理想とする人生のモデルが設定されていないからです。自分で自分のモデルをつくり、社会はそれをサポートするべきという価値観で制度がつくられています。


そういう意味で、今の日本は「人生が引き裂かれやすい」社会状況にあります。ですから、これからは、既存のモデルからこぼれる人が増えてくる中で、そういう人を出さないようにすることも大事だけれど、こぼれた人をサポートして、希望のある生き方を示せるような制度もつくっていかないといけません。

繰り返しになりますが、こぼれた人たちがつらくない社会をつくっていかなくてはならないのですが、残念ながら今の日本はそうはなっていません。

だからこそ、新聞の『人生案内』に、「どう生きたらいいのか」と、モデルから外れた人（もしくはその家族）からの相談が増えつつあるし、これからも増えていくでしょう。

価値観の多様化と「世間体」の重荷

前述の通り、今の日本は価値観が多様化しています。いろいろな生き方や働き方があって、家族のあり方も多種多様になってきています。そのこと自体は、別に悪いことではありません。そもそも欧米では、そのような生き方が普通ですから。

でも、日本の場合は、「世間体」というものが大きくのしかかっています。我々日本人は、価値観が多様化しているにもかかわらず、相も変わらず世間体というものを意識し続けて生きています。新聞の悩み相談を読むにつけ、多様な価値観と世間体のはざまで苦しんでいる人たちが非常にたくさんいることを感じます。

本来生き方は個人の自由ですから、「他人に迷惑をかけない限り」どんな生き方をしてもかまわないわけです。昨今では、日本でも「選択肢はいろいろある」という考え方は一般的になってきています。

その一方で日本の社会は今もなお「世間体」を重視しています。ここでいう「世間体」とは「〇〇をしたら世間から非難されること」ですが、私たちはこの世間の反応を過剰なまでに気にする社会で生き続けているわけです。

たとえば、第一章（36ページ）で紹介した、相談③の「父の死を夫がＳＮＳに投稿」です。

自分の父親の死について、夫がＳＮＳで投稿したことに怒り、とまどいを感じる妻からの相談でした。この女性は、手紙で「このようなことをＳＮＳに投稿してもいいのでしょうか」と聞いてきました。率直に言えば、ＳＮＳに投稿していいかどうかは、その女性の価値観で判断すればいいし、家族の中で解決すればいい問題です。

夫を叱り、けんかをして、価値観をすり合わせて、ともに生きていけばいい。本当に許せないと感じているのならば、別々の道を歩めばいい。それだけの話です。

でも、質問してくるというのは、ある意味では、「世間体」を気にしているからという側面もあるのです。

たとえば、怒らずによくあることと笑って許した場合、あるいは、許せないと感じて離婚を選んだ場合――それを見た周りはどう思うのか、親戚や知人からとやかく言われるのではないか、といった世間体を気にしているという側面もあるでしょう。

いろいろな生き方が認められて、それこそが自己実現だと言われつつ、世間からはいろいろ言われたくない。まさに板ばさみ状態です。

ですから、「世間体」というものの圧力が、悩み相談を増やしているとも言えます。

それがはっきりわかるのが性的指向です。

「別にゲイでもかまわないじゃないか」「同性愛の人がいても特に問題はない」と言われています。他人事としては、その理屈は十分に理解できる。でも、いざ自分事として、自分自身や家族に降りかかってきたとき、社会からの目が気になってしまい、自分たちの価値判断だけではどうにもならなくなり、苦しくなってしまうのでしょう。

頭の中では理解しているつもりなのに、実際問題として友だちや会社の同僚などから、偏見や差別の目で見られる可能性が十分に残っているわけですから。

特に「自分の子どもや友人など身近な存在が、性的マイノリティであることがわかったとき、周りから何と言われるかわからない」というような悩みは、これからますます増えていくことでしょう。

夫婦の問題もそうです。

夫婦の問題は、本来、夫婦間の問題であるはずですが、日本の社会は、結婚を制度としてとらえているため「世間がどう見るのか」ということを非常に気にします。世間の反応がわからないことによって、あるいは世間の反応によって実際に苦しんでいる人も大勢います。

生き方の多様化は、好む好まないに関係なく、これからも進んでいくと思われます。そうであるならば、私たちはどこかで「世間体」というものに対する考え方を変容させる必要に迫られているのかもしれません。

ダメ出しを極端に恐れる世間体社会

他人からの評判を気にするのは、世界共通かもしれませんが、「世間体」という形で強く存在しているのは、日本くらいかもしれません。それは、今まで、日本は単一民族、単一文化、そして、中流社会だという「神話」が強かったからだと思います。そして、簡単に言えば、人から文句を言われることを気にするのが日本人です。だから、多くの人が、自分の気持ちや価値観は二の次にして、人から文句を言われないように、あら探しをされないように生きています。

しかし、価値観が多様化しているのならば、誰もが納得する行動はあり得ません。必然的に、どこかから文句はくるわけです。

ある人はＯＫだと言っている一方で、別の人からは抗議がくる。すると、後者のほうの意見を重視して、「じゃあ、やめようか」というふうになる。これが、日本の社会が

「世間体社会」だと言われる所以です。

99人がOKでも、1人から文句を言われると、ダメになってしまうほど極端です。この傾向は年々過剰になってきており、ほんの一部のクレームによりテレビCMが放映中止となったり、企業が謝罪会見を開いたりします。

この極端さは、SNSというツールが発展して、誰もが公に発言することが容易になったからこそ、加速度的に進行していることでもあるようです。

実生活においても、実際にはあちこちから文句やダメ出しがくるのでしょう。

それが、若い人の間で恋愛がなかなか活発にならないことの一因ともいわれています。学校や塾やアルバイト先で付き合ったりしていると、周りから、「なんであんなやつと付き合っているんだ」というふうに、必ず誰かから横やりが入る。あるいはLINEで流されたり、ツイッターなどでつぶやかれたりしてしまうわけです。

だから、もし付き合ったとしても隠したり、手をつないでいるところを見られないようにするそうです。その結果、ますます恋愛が消極的になっていくわけです。

ＬＧＢＴについても同じことが言えるでしょう。

社会的には、みんなＯＫと言っているけれど、実は陰で悪く言う人がいたとします。それがたとえ１００人のうちの１人だけだとしても、もうダメだということになってしまう。言われたほうとしては、１００人のうち１人に言われているだけなのに１００人全員に言われたくらい傷ついてしまうのです。

最近話題になっている「近所に保育所をつくるな」という反対運動も、他の99人の人がつくっていいと言っても、たった１人が「うるさい、けしからん」と言うと、そちらの意見のほうが通ってしまうのが現状です。

今や日本は、全員が了承しないとダメという偏狭な社会なのではないか、と思えるほどです。そして、そういった価値観がＳＮＳの普及によって、より広がってきているように感じます。その結果、ますます生きにくい状態になってきていて、その生きにくさに関する相談というものもたくさん寄せられるようになっています。

リスク過剰社会と「世間体」という名のモンスター

99人がOKと言っても、1人がNOと言えばダメという風潮から、過剰にリスクを恐れる社会であるとも言えます。

日本の世間体意識、リスクを避ける意識が、日本社会全体を縮こまらせているといっても過言ではないでしょう。

そして、悩みが内へ内へとこもっていって、ときどき何かの弾みでそれが爆発するのです。新聞への相談欄で発散されるというケースもあります。

本音を言えば、回答者として、これはとても困る部分です。「世間体に負けずに、気にせずに自分の思うままに突っ走れ」というふうに答えたいところですが、本当にその通りにしたら、この世間体社会ではイヤな思いをする可能性もあります。さらにはもっと生きづらくなるおそれすらあります。そこでは、それが正しいことか正しくないことかはまったく別の問題です。

ですから、現実的に「なんとかうまくやる方法がないかを探していきましょう」というような回りくどい回答をせざるを得ないケースがあります。私としても不満が残る回答しかできないこともあるのです。

かつての日本では、制度と慣行と意識がモデル化され、非常にわかりやすかったのです。でも、生き方や価値観が多様化する中で、慣行と制度と意識の変化が現実に追いついていない――それが私たちを生きづらくしています。

制度はすぐには変えられません。では、変えていきやすいのは私たちの意識なのかというと、実はそうでもありません。残念ながら、意識もなかなか変わらないのです。そこには融通のきかない「世間体」というモンスターが、胡座《あぐら》をかいて居座っていますから。

現代は、多様化しているのに「世間体」に縛られて自由に動けないという非常に矛盾した状況です。

人それぞれなのだから、別に関係ないとみんなが思えたらいいのでしょうけど、でも、その境地には至っていません。むしろ関係ない人ですら、関係のない案件に文句をつける社会になっています。では、どうすればよいでしょうと、私が誰かに相談したくなる状況なのです。

おわりに

再び、社会学者と『人生案内』回答者の間で

社会学者で、定期的にメディアにおける人生相談の回答者を務めたのは、上野千鶴子先生や鈴木謙介氏など何人もいます。私の専門の家族社会学でも、小山隆先生が、約50年前、産経新聞の人生相談回答者を務めていました。隣接領域では、心理学者の大日向雅美先生や経済学者の金子勝先生もなさっています。

本文にも書きましたが、一方で、人生相談、中でも、読売新聞の『人生案内』は、社会学の分析対象になってきました。

やはり、100年以上続いているため時代ごとの分析が可能であること、ほぼ毎日掲載されているためデータ数が多く、数量的分析が可能なこと、日本最大の部数を誇る新聞であるので「一般性」が高いと考えられること、そして今となっては、データベース

が完備されているので、大変利用しやすいことなどから、ドキュメント分析の花形といってもよい材料になっています。ちなみに、昨年も『人生案内』に見られる夫婦像の変化というテーマで卒論を書いたゼミ生がいます。

見田宗介先生の『現代日本の精神構造』（1965年）や太郎丸博氏、赤川学氏のように、相談内容を分析するのが中心ですが、池田知加氏や野田潤氏のように、回答内容の分析をする研究者もいます。ちなみに、離婚をどのような場合にどのような理由で勧めるかという点を分析した野田氏の論文は、日本家族社会学会奨励論文賞を受賞しています。

回答者を引き受けたときは、私の回答もいずれ社会学的分析の俎上にのるものと覚悟すると同時に、それを前提に回答をつくってきました。

ただ、最近は、回答内容だけでなくて、矢崎千華氏のように「回答の言説構成」、いわば、どのようなロジックで回答がなされるのかという分析を行う研究者も出てきており、私の回答も批判的に分析されていました。日本社会学会の学会発表で彼女の報告を見たときは、私の回答は分析されていなかったので安心していたのですが。自分の無意識を分析されているような感覚を持ちました、反省しきりです。

自分の研究内容を発表することが、社会に何らかの影響を及ぼして、研究対象を変化させてしまう、そして、それがまた自分に返ってきて——。このようなループを「再帰性」と専門用語で呼ぶのですが、社会学者アンソニー・ギデンズが現代を「再帰性の時代」と呼ぶように、あちこちで再帰性と呼ぶべきことが生じています。

私も「婚活」——積極的に活動しなければ結婚できない時代となっているということを「事実命題」として示した（山田昌弘・白河桃子『婚活時代』）つもりですが、それが社会の共通認識となることで、人々の行動を変えてしまうという側面があります。そして、今は婚活の広がりを調査しています。これも一つの再帰性です。

私が『人生案内』に回答を書くことも、ささやかな再帰的現象の一つなのでしょう。その再帰性の中にいることを感じながら、本書を執筆いたしました。

本書の出版の前からも、『人生案内』を題材にした講演を何度か依頼され、『人生案内』から見た現代社会の姿というテーマで何度か講演いたしました。そんな時に、ディスカヴァー・トゥエンティワンのパーティで、編集者の石橋さんから執筆のご提案を受けました。彼女は読売新聞の『人生案内』の愛読者だそうで、ぜひ、回答をまとめて出版してみないかと勧められて書いたものです。長年の友人であるディスカヴァーの社長干場弓子さんにも快諾いただき、出版にこぎ着けました。干場さん、石橋さん、そして、ディスカヴァーのみなさまに感謝申し上げます。

そして、いつも回答をチェックいただき、本書の出版を快諾いただいた読売新聞生活部のみなさまには、いつもいつも本当にお世話になっています。ありがとうございます。

そして、何よりも、読売新聞に相談をお寄せいただいたみなさまに心よりの感謝を申し上げたいと思います。

2017年7月1日（還暦を目前にして）

山田昌弘

参考文献

●「人生案内」の社会学的分析に関する文献

赤川　学　2006年「日本の身の下相談・序説」『社会科學研究』57-3/4　東京大学社会科学研究所

池田知加　2005年『人生相談「ニッポン人の悩み」光文社新書

見田宗介　1965年『現代日本の精神構造』弘文堂

1975年『現代日本の社会意識』弘文堂

野田　潤　2006年「「夫婦の不仲は親子の不仲」か」『家族社会学研究』18-1

2008年「「子どものため」という語りから見た家族の個人化の検討」『家族社会学研究』20-2

太郎丸博　1999年「身の上相談記事から見た戦後日本の個人主義化」光華女子大学文学部人間関係学科編『変わる社会・変わる生き方』ナカニシヤ出版

矢崎千華　2013年「紙上「身の上相談」における回答の言語編成」『関西学院大学先端社会研究所紀要』10号

●人生相談に関する文献

金子　勝　2016年『悩みいろいろ――人生に効く物語50』岩波新書

読売新聞生活部　2015年『今日も誰かが悩んでる　人生案内100年分』中央公論新社

鈴木謙介　2008年『チャーリー式100Q/100A「悩み方」を考える超・人生相談』ランダムハウス講談社

●内容に関する文献

上川あや　2007年『変えていく勇気』岩波新書

吉川徹・中村高康　2012年『学歴・競争・人生』日本図書センター

佐伯順子　2009年『「女装と男装」の文化史』講談社

矢島正見　2006年『戦後日本女装・同性愛研究』中央大学出版会

西原理恵子　2016年『ダーリンは70歳』小学館

山田昌弘　1999年『パラサイト・シングルの時代』ちくま新書

2004年『希望格差社会』ちくま文庫

2007年『少子社会日本』岩波新書

山田昌弘・白河桃子　2008年『「婚活」時代』ディスカヴァー携書

ディスカヴァー携書 183

悩める日本人「人生案内」に見る現代社会の姿

発行日　2017年8月15日　第1刷

Author　山田昌弘

Book Designer　櫻井浩（⑥Design）

Publication　株式会社ディスカヴァー・トゥエンティワン
〒102-0093　東京都千代田区平河町2-16-1 平河町森タワー11F
TEL　03-3237-8321（代表）
FAX　03-3237-8323
http://www.d21.co.jp

Publisher　干場弓子
Editor　石橋和佳（執筆協力:遠藤由次郎）
Special Thanks　読売新聞生活部

Marketing Group
Staff　小田孝文　井筒浩　千葉潤子　飯田智樹　佐藤昌幸　谷口奈緒美
古矢薫　蛯原昇　安永智洋　鍋田匠伴　榊原僚
佐竹祐哉　廣内悠理　梅本翔太　田中姫菜　橋本莉奈
川島理　庄司知世　谷中卓　小田木もも

Productive Group
Staff　藤田浩芳　千葉正幸　原典宏　林秀樹　三谷祐一　大山聡子
大竹朝子　堀部直人　林拓馬　塔下太朗　松石悠　木下智尋　渡辺基志

E-Business Group
Staff　松原史与志　中澤泰宏　中村郁子　伊東佑真　牧野類

Global & Public Relations Group
Staff　郭迪　田中亜紀　杉田彰子　倉田華　鄧佩妍　李瑋玲　イエン・サムハマ

Operations & Accounting Group
Staff　山中麻吏　吉澤道子　小関勝則　西川なつか　奥田千晶　池田望　福永友紀

Assistant Staff　俵敬子　町田加奈子　丸山香織　小林里美　井澤徳子　藤井多穂子
藤井かおり　葛目美枝子　伊藤香　常徳すみ　鈴木洋子　住田智佳子
内山典子　石橋佐知子　伊藤由美　押切芽生

Proofreader　文字工房燦光
DTP　株式会社RUHIA
Printing　共同印刷株式会社

ISBN978-4-7993-2163-8

携書ロゴ：長坂勇司
携書フォーマット：石間淳